# Inhaltsverzeichnis


| Bildthema | Projektvorschlag zum Bildthema mit „Ideenkiste“ | Andere mögliche Projekte, in die das Bildthema eingebunden werden kann | Seite |
|---|---|---|---|
| 1. Leuchtturminsel | Wasser | Meer, Seefahrt, Schiffe, Urlaub, Unser Land, Norddeutschland, Deutsche Inseln, Sommer | 9 |
| 2. Papageienbaum | Vögel | Tiere, Zoo | 12 |
| 3. Badetag bei Nili dem Nilpferd | Körperpflege | Tiere, Zoo, Sommerfreizeit, Wasser | 15 |
| 4. Wüstenzauber | Sonne | Sommer, Fremde Länder, Afrika, Wilde Tiere, Zoo | 19 |
| 5. Fünf Freunde am Lagerfeuer | Sommer | Freundschaft, Teilen, Feuer, Freizeit, Ernährung | 23 |
| 6. Ein Eis. Aber bitte mit Sahne! | Ernährung | Zahnpflege, Sommer | 26 |
| 7. Katzenpaar auf dem Dach | Freundschaft / Liebe | Haustiere, Stadttiere, Wohnstätte | 31 |
| 8. Die Piraten kommen | Schiffe | Karneval, Verkleiden, Abenteuer, Meer, Zu einer anderen Zeit | 34 |
| 9. Baumhaus | Wohnen / Zuhause | Bäume, Freizeit, Spielen, Bauen | 37 |
| 10. Die Windmühle mit besonderen Flügeln | Wind | Mühlen, Getreide / Brot, Symmetrie | 41 |
| 11. Mitternacht im Geisterschloss | Gespenster | Burgen / Schlösser, Karneval, Halloween, Zeit / Tageszeit, Ritterzeit | 44 |
| 12. Regenwetterausflug | (Regen-) Wetter | Sichere Kleidung, Wasser | 47 |
| 13. Waldpost – Ein Specht telefoniert | Post | Vögel, Wald, Bäume, Kommunikation | 53 |
| 14. Hallo Herbst | Herbst | Obst / Gemüse im Herbst, Erntedank, Landwirtschaft, Kleidung | 56 |
| 15. Vitamine pur – Unsere Obstschale | Obst | Ernährung, Zähne, Erntedank | 60 |
| 16. Sternenflug | Fliegen | Fluggeräte, Weltraum, Luft, Maschinen | 63 |
| 17. Eberhard und seine Elefantenmatratze | Zoo | Wohnen | 66 |
| 18. Wintervorrat der Familie Dreikäsehoch | Milch (-produkte) | Tiere im Winter, Haustiere, Küche, Ernährung, Kartoffeln | 71 |

# Vorwort

**Liebe Leserin, lieber Leser,**

leben und lernen in der Schule heißt viele, viele Stunden gemeinsam in einem Klassenraum verbringen. So befinden sich Lehrer und Kinder an Schultagen oft länger in diesem Raum, als in einem beliebigen anderen. Grund genug um besonders diesen „Wohnplatz" gemütlich einzurichten um sich darin wohl zu fühlen. Ein ansprechender, „heimeliger" Raum wirkt sich nicht nur auf die Stimmung der Kinder, sondern auch auf die des Lehrers aus. Einen großen Teil des gestaltbaren Teils der Klasse machen die meterlangen Wände aus. Diese kann man schnell mit Merkregelplakaten, Fertigpostern oder Aufsätzen „zupinnen". Die provozierende Leere ist dann zwar zugehängt, zur Verbesserung der Raumatmosphäre trägt dies aber sicher nicht bei.
Ganz anders wirken Klassen, deren Wände mit kräftigfarbenen, leuchtenden Malereien der Kinder gestaltet sind. Nicht nur die Kinder empfinden stolz den Raum als „ihren" Raum, zu dem sie als Teil der Gemeinschaft gehören. Liebevoll gemalte Bilder sind auch ein Augenschmaus, den man sich immer wieder gerne ansieht und bei dessen Betrachtung man „die Seele baumeln lassen kann". Sind die Kunstwerke zudem auf einfache Tonpapier - Passepartouts aufgeklebt und als Bildergruppe aufgehängt, wirken sie zum einen kostbar und edel und erscheinen zum anderen (durch den farblichen Passepartout - Zusammenhang) nicht unruhig, sondern wie ein optisches Ganzes.

## Altersstufenzuordnung

Im Folgenden biete ich Ihnen eine Reihe von Kunstprojekten an, die sich meiner Meinung nach sehr gut zur Klassenraumgestaltung eignen. Grundsätzlich können Sie alle Bilder in allen Jahrgangsstufen malen. Je nach Alter und Fähigkeiten der Kinder werden die Themen etwas weniger aufwendig gestaltet. In jüngeren Klassen wird einfach etwas „gröber" gearbeitet. Das schadet aber der Bildwirkung nicht. Dennoch eignen sich die einzelnen Bilder für eine bestimmte Jahrgangsstufe oft besonders. Als grobe Richtlinie kann folgende Einteilung gelten:
1. / 2. Jahrgangsstufe: Projekte Nr.: 1, 2, 3, 4, 6, 10, 15, 16, 17, 18
3. / 4. Jahrgangsstufe: Projekte Nr.: 5, 7, 8, 9, 11, 12, 13, 14, 15

## Projektarbeit

Projekt- und fächerübergreifendes Arbeiten ist nicht nur „im Trend", sondern für mich eine äußerst sinnvolle Unterrichtsform. Natürlich darf sich da der Kunstunterricht nicht ausschließen. Dies ist auch nicht nötig, weil es zu allen Sach-, Sprach- und Projektthemen sehr reizvolle Bildthemen und Bildaufgaben gibt.
Oft spielen Tiere eine wichtige Rolle. Sie sind in den verschiedensten Zusammenhängen ein beliebtes Gestaltungsobjekt für Kinder. Sie lassen sich gut in einen „menschlichen" Sachzusammenhang integrieren und übertragen : Es gibt Tier-Freundschaften, Tier-Wohnungen, Tier-Nahrung, Tier-Familien, Tier-Körperpflege ... . Die Erfahrungswelt der Kinder wird von - teilweise vermenschlichten - Tierfiguren wiedererlebbar gemacht.

## Die „Trickkiste"

Kostbar und interessant wirkende Bilder kann jeder mit ein paar Tricks zu jedem Thema gestalten. Die folgenden „Tricks" habe ich bei fast allen Bildern angewendet und möchte sie nun erläutern:
1. Der „Haupttrick" der Bilder liegt im sogenannten Material- und Technikmix: Verschiedene Materialien und Gestaltungsbereiche werden in einem Bild miteinander verbunden. Ein erwünschter Nebeneffekt ist dabei, dass man auf diese Weise auch Gestaltungsbereiche mit einbinden kann, die oft vernachlässigt werden. Das liegt häufig daran, dass es wenige einfache, aber dennoch attraktive Gestaltungsaufgaben gibt, die nicht mit großem Aufwand verbunden sind. Hier denke ich vor allem an die Bereiche „Textiles Gestalten" und „Plastizieren". Diese werden zwar innerhalb eines Materialmixes nicht hinreichend behandelt, dafür aber auch nicht grundsätzlich oder zu lange vom Gestaltungsunterricht übergangen.

2. Ein weiteres wichtiges Wirkmittel ist die Collage. Hier ist vor allem gemeint, interessante Perspektiven und Überschneidungen in einem Bild zu verwirklichen, ohne den Kindern schon perspektivisches Malen mit Motivüberschneidungen abzuverlangen. Sich überschneidende Bildelemente werden dabei einzeln gemalt und nacheinander auf das Hintergrundblatt geklebt.
Das bedeutet aber nicht, dass man Kinder, die sich Bildprobleme wie z. B. „Überschneidungen" zutrauen, daran hindert, ihre Fähigkeiten auszuprobieren. Fordern sie stets von den Kindern, was möglich ist, und lassen Sie in diesen Fällen die Collagetechnik einfach weg.

3. Ein weiterer „Dauertrick" ist das zweifarbige Ausgestalten von Farbflächen. Schon meine Erstklässler begreifen das einfache Prinzip, das einem Bild mehr Leben und Tiefe gibt: Jede Farbfläche wird in der vorgesehenen Farbe ausgemalt. Anschließend wird eine der beiden „Nachbarfarben" auf einen Teil der noch nassen Farbfläche gepinselt. Dabei entstehen interessante Farbmischungen, die ein reizvolles Farbenspiel erzeugen können. Voraussetzung für diese Gestaltungsfähigkeit ist die Kenntnis von Nachbarfarben. Am leichtesten kann man diese am Ittenschen Farbkreis ablesen, der auch in anderen Zusammenhängen beim Farbgestalten immer wichtig ist (siehe unten). Nachbarfarben sind die links und rechts neben einer Farbe liegenden Farben. Z. B. sind die Nachbarfarben der Farbe Rot die Farben Rotviolett und Rotorange.
Alternativ zu den Nachbarfarben kann man fertige Farbflächen auch mit Wasser ausschwemmen. Man nimmt (z. B. mit einem Küchenpapiertuch) Farbe aus der Fläche heraus und hellt diese dadurch stellenweise auf.

4. Schließlich erzielt man auch bei Bildern, die auf den ersten Blick „verschmiert" erscheinen, eine erstaunliche Wirkung, wenn man die Umrisslinien mit einem schwarzen Filzstift einfasst. Dieses Konturieren hebt das Motiv deutlich hervor und lässt die Farben klarer erscheinen. Die Wirkung ist auf jeden Fall verblüffend.
Im Anschluss können die Motive noch binnendifferenziert werden. Mit dem schwarzen Filzstift werden grafische Bildmittel (Punkt, Linie, lineare Muster etc.) als zusätzliche Bereicherung der Bildelemente und des Hintergrundes hinzugefügt. Wenn die kleinen Künstler mit Ruhe und Sorgfalt zeichnen, wird auf diese Weise aus jedem Bild eine Kostbarkeit.

5. Zusätzliche Räumlichkeit erzielen Sie dadurch, dass Sie die als Collageelemente vorgesehenen Motivteile auf „Abstandhalter" kleben, so dass diese dann etwas vom Bild abstehen (siehe z. B. Projekt Nr. 6).

Dass Sie mit diesen einfachen Mitteln auf jeden Fall einen optischen Blickfang gestalten können, beweist u. a. das Experiment einer Kollegin. Sie unterrichtet Kunst fachfremd. Meine Kollegin hat sich zu einem Sachthema selbst ein Bildthema ausgedacht und mit den oben beschriebenen „Tricks" zusammen mit ihrem zweiten Schuljahr auf Papier gebracht. Es war ihre allererste Kunststunde im Bereich Malen. Sehen Sie selbst, welch „Wüstenzauber" daraus geworden ist (Projekt Nr. 4). Ich habe diese Arbeit mit in diesen Band aufgenommen, um Sie zu ermutigen, auch ohne Anleitung eigene Bildthemen umzusetzen. Eine Palette von Möglichkeiten und Anregungen finden Sie in diesem Heft, aber auch in Kinderbüchern, im Museum, auf (Kunst-) Postkarten, auf Spaziergängen durch die Natur ... .

## Der Farbkreis im Kunstunterricht

Um wirkungsvoll malen zu können, hilft es sehr sich mit Farben und deren Wirkungen zu befassen. Schon im ersten Schuljahr lernen die Kinder bei mir den Ittenschen Farbkreis kennen, den wir für unsere „Trickkiste" regelmäßig zu Rate ziehen.
Tipp: Malen Sie einmal mit den Kindern den Ittenschen Farbkreis, am besten im DIN A3 - Format. Ihre Schüler sammeln viele Erfahrungen hinsichtlich des Farbmischens, der Mischfarben selbst und

der Farbzusammenhänge. Durch Mischen benachbarter Farben erhält man eine Kette von Farbtönen, die sich chromatisch aneinanderfügen. J. Itten hat in Anlehnung an Newton und Goethe deren Farbband zu einem Kreis geschlossen. Im Inneren enthält er die Primär- und Sekundärfarben. Im Farbkreis liegen ähnliche Farben nebeneinander, gegensätzliche Farben (Komplementärfarben) liegen sich gegenüber: Gelb als hellste und Violett als dunkelste Farbe, Rot als aktivste und Grün als passivste Farbe, Blau als kälteste und Orange als wärmste Farbe.
Eine gut gelungene Schülerarbeit könnte zur ständigen Orientierung in der Klasse aufgehängt werden.

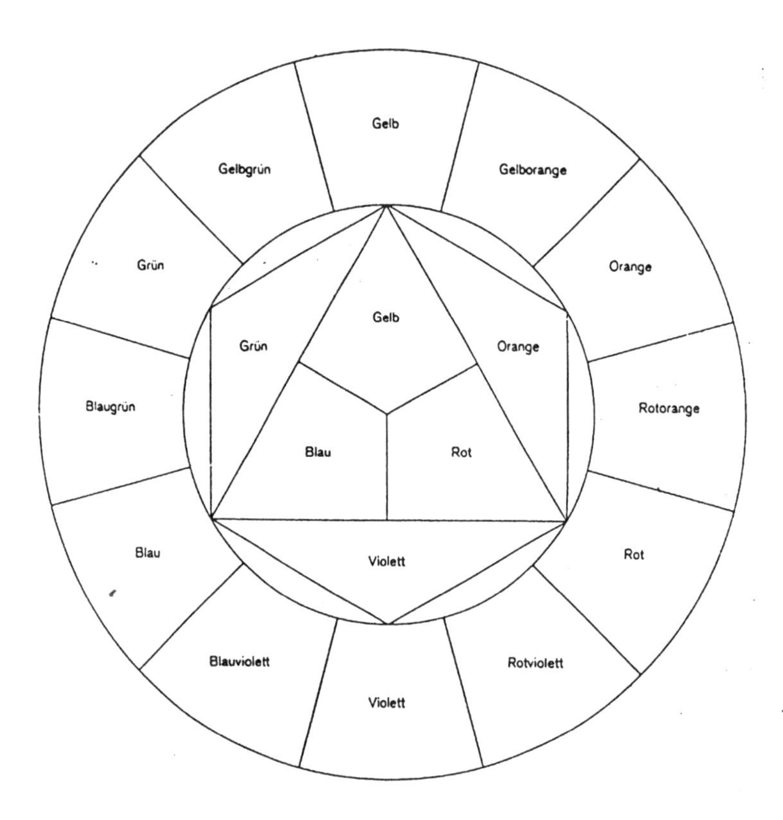


(aus: H. Schilinsky, Ravensburg 1970)

Gebraucht wird dieser Farbkreis dann unter anderem bei der Erarbeitung der Farbkontraste:
1. Farbe-an-sich-Kontrast: Ein Kontrast, der von ungetrübten, „reinen" Farben gebildet wird. Bildvorschläge, denen dieser Farbkontrast zugrunde liegt, finden Sie u. a. in den Projekten Nr.: 2, 3, 15 und 18.

2. Hell-Dunkel-Kontrast: Jede Farbe hat neben ihrem Farbton einen bestimmten Helligkeitswert. Gelb zählt zu den hellsten Farben, Violett zu den dunkelsten. Helligkeiten können durch Schwarz-Weiß-Beimischungen verändert werden. (U. a. Projekt Nr.: 5, 11, 16)

3. Kalt-Warm-Kontrast: Farben, die überwiegend Gelb, Orange und Rot enthalten, werden den warmen Farben, die mit vorwiegendem Blauanteil den kalten Farben zugeordnet. Beide Farbgruppen rufen verschiedene Raumwirkungen hervor. Warme Farben drängen nach vorne und scheinen uns näher zu liegen, kalte Farben weichen zurück und schaffen räumliche Tiefe. (U. a. Projekt Nr.: 4, 5, 11)

4. Komplementär-Kontrast: Größte Kontrastwirkungen entstehen, wenn Farben, die sich auf dem Farbkreis gegenüberliegen, nebeneinander gestellt werden. Entsprechen sich die Helligkeitswerte und die Farbsättigung eines komplementären Farbpaares, so ist ihre Kontrastwirkung am stärksten. (U. a. Projekt Nr.: 2, 11, 13, 15)

5. Simultan-Kontrast: Wenn sich zwei benachbarte Farben gegenseitig so beeinflussen, dass jede Farbe ihrer benachbarten die eigene Komplementärfarbe übermittelt und deren Helligkeit oder Dunkelheit verstärkt, spricht man vom Simultan-Kontrast (Entstehung von Nachbildern in der Komplementärfarbe nach längerer Farbbetrachtung). (U. a. Projekt Nr.: 3, 15)

6. Qualitätskontrast: Er entspricht dem Gegensatz von gesättigten (reinen) und getrübten Farben. Qualitätskontraste finden Sie in all den Bildern, bei denen eine Farbe differenziert wird, aber auch bei Projekt Nr. 12.

7. Quantitätskontrast: Er bezieht sich auf das Größenverhältnis von Farbflächen. So kann z. B. das helle Gelb bei gleicher Ausdehnung das Violett zu einem „Dunkel" abschwächen, Gelb hat mehr Strahlkraft. (in Ansätzen u. a. Projekt Nr.: 2, 4, 11, 16)
(vgl. auch K. Eid u. a.: „Grundlagen des Kunstunterrichts", Paderborn, u. a. 1980, S. 40 ff.)

Weniger für die Schüler als für den unterrichtenden, interessierten Lehrer erwähne ich im Folgenden noch die dreidimensionalen Farbsysteme: Um alle Farbtöne darstellen zu können, entwickelten u. a. Maler wie Ph. O. Runge (1777 - 1810) räumliche Gliederungssysteme wie die Farbenkugel. Diese Systeme werden der Tatsache gerecht, dass sich jede Farbe nach fünf Richtungen verändern lässt: Sie kann zu ihren Nachbarfarben abgestuft werden, mit Weiß aufgehellt, mit Schwarz abgedunkelt oder mit ihrer Gegenfarbe (der Komplementärfarbe) gemischt werden. Farbübungen zum Aufhellen mit Weiß finden sie im Projekt Nr. 6, Farbübungen zum Abdunkeln mit Schwarz im Projekt Nr. 12 (Hintergrundgestaltung). Das Mischen von Komplementärfarben können Sie überall dort zur Anwendung bringen, wo die Farbe Braun benötigt wird.
(vgl. auch K. Eid u. a.: „Grundlagen des Kunstunterrichts", Paderborn, u. a. 1980, S. 45)

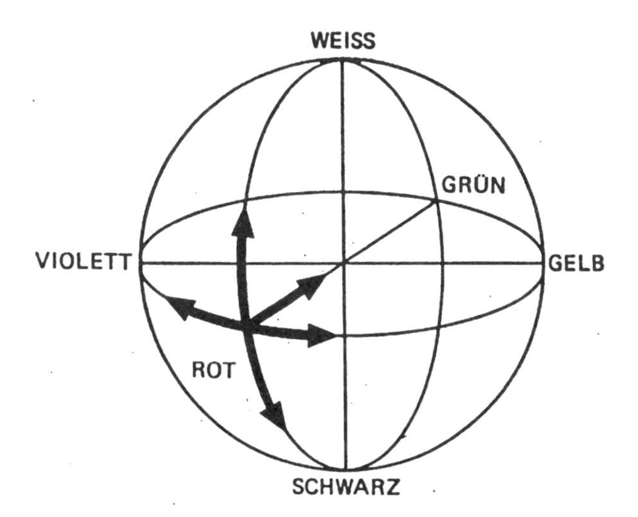


(aus: K. Eid, u. a. 1980)

## Anmerkungen zum Kunstunterricht

Für den Kunstunterricht mit Grundschülern im Zusammenhang mit Malerei hat sich Folgendes bewährt:

1. Möchte man mit den Kindern ein bestimmtes Bildzeichen (Mensch, Haus, Baum, Tier ...) zur Weiterentwicklung des individuellen Formbestandes zeichnen oder malen, muss der Gestaltung eine eingehende Betrachtung oder Benennung von Motivbestandteilen vorausgehen. Nur was bewusst wahrgenommen oder gezielt erinnert wird, liegt in der Formvorstellung vor und kann dargestellt werden. Um so gründlicher Sie diese Phase gestalten, um so differenzierter werden die Kinderzeichnungen und -malereien sein.

2. Sollte eine Vorzeichnung nötig sein, um eine Motivform, eine Motivgröße oder die Einordnung in das Bildformat zu finden, würde ich den Bleistift im Federmäppchen lassen. Mit dem Bleistift gezeichnete Formen lassen sich häufig nicht mit Deckfarbe aus- und weitermalen, weil sie zu klein und differenziert werden. Besser ist das Vormalen mit grauem Wasser. Motivbestandteile, die sehr klein und zierlich sind, können später immer noch auf das trockene, fertig gemalte Motiv mit einem feinen Pinsel oder mit einem Filzstift aufgemalt werden.

3. Für das Konturieren der Umrisslinien (siehe oben) kann man einen schwarzen Filzstift verwenden. Besser eignet sich aber ein „edding 400 (oder 1200)" oder ein „Colli Marker 1 - 4 mm". Die Anschaffung eines Klassensatzes lohnt sich. Die Bildwirkung ist fantastisch und die Stifte können bei fast jeder Malerei zum Einsatz kommen.

4. Ferner benötigen Sie grundsätzlich folgendes Material:
Einen guten Deckfarbenkasten, Zeichenpapier DIN A3, Wassergläser (Marmeladengläser eignen sich sehr gut und können zwischendurch einmal in die Spülmaschine gestellt werden), alte Lappen oder Küchentücher zur Pinselreinigung, Spüllappen zur Reinigung der Tische.
Ich stelle stets den einzelnen Tischgruppen in meiner Klasse einen Kunststoffbehälter (aus dem Baumarkt) zur Verfügung. Deckfarben, Pinsel, Klebstoff, Schere, Wassergläser und Lappen der gesamten Tischgruppe gehören dort hinein. Der Kasten wird zu Beginn der Stunde vom Ordnungsdienst auf die Tischgruppen gestellt. Dieser füllt auch für jeweils zwei Kinder ein Marmeladenglas mit Wasser. Dadurch erspare ich mir das „nervige" Herumgerenne aller Kinder. Dennoch hat jeder alles für die Stunde schnell zur Verfügung. Die Zeichenblöcke werden auch tischgruppenweise aufbewahrt und vom Ordnungsdienst packenweise an die Tische verteilt. Am Ende der Stunde muss alles wieder ordentlich in die Kästen geräumt werden. Der Ordnungsdienst holt die Kästen schließlich wieder ab und stellt sie in den Schrank. Auf diese Weise funktioniert die Materialorganisation bei mir am schnellsten und ruhigsten.

5. Da die Kinder der 3. und 4. Jahrgangsstufe auf dem Zeugnis eine Kunstnote erhalten müssen, stellt sich noch die Frage der Bewertungskriterien. Grundsätzlich habe ich für mich persönlich drei Bewertungsbereiche zu jedem Bild festgelegt:
a) In erster Linie gilt, dass die erarbeiteten Gestaltungsübungen Basis der Notenfindung sein müssen. Wurde z. B. bei der Herbstaufgabe (Projekt Nr.: 14) das Mischen und Malen von „Herbstfarben" besprochen, erhalten die Schüler für die Bewältigung dieses Bildproblems eine Bewertung. Auch alle weiteren angeleiteten Teilschritte und -übungen werden bei der Bewertung des Bildes berücksichtigt. Das heißt, besprochene und fest vereinbarte Bildaufgaben müssen dem Bildproblem entsprechend gelöst werden. Die gefundene Bildlösung und die Ausführung der Aufgabe ergeben die erste Note.
b) Darüber hinaus nimmt bei mir stets der Grad der Selbstständigkeit und der Kreativität bei der Findung von Bildlösungen einen hohen Stellenwert ein. Finden die Schüler zum Beispiel für das Überschneidungsproblem bei der Obstschalendarstellung eine andere als die besprochene Möglichkeit das „Vorne und Hinten" von Obststücken treffend darzustellen, ist das eine eigenständige, geistige Leistung, die entsprechend honoriert werden sollte. Ferner finden und erfinden die kleinen Künstler oft exotische und fantasievolle Obstsorten, die dem Stillleben eine ganz besondere Wirkung verleihen. Oder die Kinder arrangieren das Obst nicht in einer Schale sondern in einem anderen, interessanteren Gefäß, auf einem großen Orchideenblatt oder ähnlichem. Gemeint ist hier also, die möglichen Gestaltungsfreiräume innerhalb der festgelegten Bildaufgabe (zusammenliegende Obststücke) auszuschöpfen. Natürlich muss vorher abgesprochen werden, was verbindlich und was frei gestaltbar ist.
c) Selbstverständlich ist auch die sorgfältige, ausdauernde und beendete(!) Gestaltungsausführung wichtig.
Die Summe der Einzelnoten führt schließlich zur Gesamtnote. Oft notiere ich mir aber auch drei Noten (s. o.) zu einer Bildaufgabe und hoffe damit den einzelnen „Disziplinen" gerecht zu werden.

## Kreative Freiheit

Die nachfolgenden Bildthemen sind als mögliche Bildaufgaben zu verstehen. Sie sollen Ihnen, den Kollegen (besonders denen, die fachfremd unterrichten müssen), Gestaltungsmöglichkeiten zu bestimmten Sach- und Sprachthemen sowie Kniffe zur optischen Aufwertung der Schülerarbeiten vermitteln. Es sollte sich aber keiner sklavisch an die Vorgaben halten, der eigene Ideen zur Bildgestaltung hat. Dies gilt in bestimmter Hinsicht auch für die Schüler:
Eine konkrete Bildaufgabe darf die Eigenkreativität der Kinder nicht einschränken. Wenn Kinder die Bildaufgabe bewusst und reflektiert anders lösen, als vom Lehrer vorbereitet, ist das immer höherwertiger einzuschätzen als das bloße Nachahmen. Gemeint ist hier nicht, die Bildaufgabe zu verlassen und etwas anderes zu malen. Gemeint ist, innerhalb des festgesetzten Rahmenthemas und der zu lösenden Bildprobleme mögliche Freiräume auszuschöpfen. Die Schüler finden oft ganz fantastische (andere) Möglichkeiten z. B. ein Weltall (Projekt Nr.16) oder eine Herbstlandschaft (Projekt Nr. 14) darzustellen. Auch wenn das Experimentieren mit einer alternativen Lösungsidee auf Kosten der Dekorativität des Bildes geht, muss man die Kinder auf ihrem Weg zur selbstständigen Bildgestaltung unterstützen. Eigenes Nachdenken, das Ausschöpfen und Finden verschiedener Lösungen, ist der Schlüssel zu Kreativität und zum sinnvollen und gewinnbringenden Kunstunterricht.
Lediglich für die schwachen Kinder sollen die Gestaltungsvorschläge eine Starthilfe darstellen und den Frust mit dem leeren Blatt nehmen. Für viele kleine Künstler führt der Weg zur eigenen gestalterischen Freiheit über das Nachahmen und Abgucken bestimmter aufgezeigter Möglichkeiten.

Es liegt dann eine Verbindlichkeit des Gestaltungsvorschlags vor, wenn bestimmte Gestaltungstechniken eingeführt und geübt werden sollen, wie z. B. das Mischen einer bestimmten Farbpalette, das stufenweise Aufhellen einer Farbe, das Experimentieren mit der Überschneidungsproblematik etc. In den nachfolgenden Bildvorschlägen ist aber meist das Weiterarbeiten und Ausdifferenzieren des Bildthemas völlig frei und fordert eine entsprechende Kreativität und eigene Ideenbildung ein, ohne schwächere Künstler zu überfordern.

## Ausweitung der Gestaltungsbereiche - Materialvariationen

Damit alle vorgeschlagenen Bildaufgaben mit einfachsten Mitteln für jede Klasse sofort und kostengünstig umgesetzt werden können, habe ich mich hinsichtlich des Hauptmaterials im Wesentlichen auf den Deckfarbenkasten und das herkömmliche Zeichenpapier beschränkt. Sinnvoll und erfahrungserweiternd wäre aber auch das Malen mit anderen Malmitteln und Farbträgern:
Gestalten Sie doch einmal - wenn es Ihre Ausstattungsmöglichkeiten erlauben - einen der abgedruckten Bildvorschläge mit Aquarellfarben oder -stiften, Wachsmalstiften, Fingerfarben, Malkreide, farbigem Sand, Stoff- und Seidenmalfarben etc. Fast jedes Bild eignet sich auch für andere Malwerkzeuge sowie Farbmaterialien unterschiedlicher Beschaffenheit und kann auch auf verschiedenen Untergründen aufgebracht werden (z. B. einer Stofftasche).

Einige Variationen zum Thema und Material finden Sie in den Differenzierungsaufgaben im Anschluss eines jeden Bildthemas. Diese beziehen unter anderem auch die übrigen Gestaltungsbereiche des Kunstunterrichtes und Textilgestaltungsunterrichtes der Grundschule mit ein. Besonders wertvoll werden die Differenzierungsaufgaben meiner Meinung nach dann, wenn sie als „Entdeckeraufgaben" verstanden werden. Das bedeutet, dass sich die Kinder experimentell mit einem Bild- oder einem Materialproblem auseinandersetzen sollen und unterschiedliche Lösungen oder neue Lösungswege finden müssen (z. B.: Wie färbt man Sand?).

In diesem Sinne: „An die Pinsel - fertig - los"! Viel Spaß beim Malen!

Doris Krebs

# „Leuchtturminsel"

**Passend zu Sach - Sprach - Projektthemen: Meer / Wasser - Seefahrt / Schiffe - Urlaub - Unser Land / Norddeutschland / Deutsche Inseln**

**Zeit:** 4 - 6 Unterrichtsstunden
**Material:** Deckfarben, Zeichenblock DIN A3, Altpapier, Klebstoff, Sand aus dem Sandkasten, beliebige Gräser, schwarzer Filzstift (ideal: edding 400 oder Colli Marker 1 - 4 mm)
**Nach Wahl:** Schwamm, verschieden dicke Pinsel, Muscheln, Hölzer, Gardinenreste
**Lernziele:**

1. Farbe Blau differenzieren
2. Verschiedene Farbabstufungen der Farbe Blau herstellen und die Nass-in-Nass-Maltechnik (Hintergrund) kennen lernen
3. Bildzeichen „Leuchtturm" durch Umrisslinien und Binnenzeichnung ausformen und differenzieren
4. Einzelmotiv in das Blattformat einordnen (Größenverhältnis des Leuchtturms)
5. Sauberes Ausschneiden und genaues Reißen üben
6. Plastisches Formen und Ändern einer Figur (Leuchtturm) erproben
7. Fantasievolle und signifikante Details durch Auswahl geeigneter Materialien und Gestaltungstechniken darstellen und dadurch den Hintergrund differenzieren (Sand, Muscheln, Naturmaterialien, Stoff- und Gardinenreste

**Einstieg:** In der Regel entstehen Leuchtturmbilder ( - ein „Klassiker" an Grundschulen - ) im Anschluss an die Sommerferien. Oft können einige Kinder aus einem reichen Erinnerungsschatz erzählen, was sie in den Ferien rund um den Leuchtturm gesehen, gehört und erlebt haben.
Ein flotterer Einstieg wäre ein zünftiges Seemannslied. Hier bieten sich zum Beispiel folgende Lieder an: „Winde wehn, Schiffe gehn ...", „Eine Seefahrt froh gelingen ...", „Ein Mann der sich Kolumbus nannt ...", „Käpt´n Louie (V. Rosin)". Wenn man den fremdsprachlichen Unterricht auch direkt mit einbeziehen möchte, empfehle ich Lieder wie z. B. „My Bonnie is over the ocean ..." oder „What shall we do with a drunken sailor ...".

**Methodische Anleitungen / Bildaufbau:**
1. Die Kinder feuchten ihr Zeichenpapier an (Tipp: Kleine Schwämme benutzen). Mit einem dicken Pinsel, einem Schwamm oder einem geknüllten Stück Altpapier tragen sie einen Blauton oder unterschiedliche Blautöne des Deckfarbkastens auf und lassen sie mit dem Wasser verlaufen. Bitte sehr sparsam mit der blauen Farbe umgehen, damit der Himmel strahlend HELLblau wird. Trocknen lassen.
2. Auf einem zweiten, halbierten DIN A3-Blatt werden deckend angerührte Farben aus dem „Wasser"-Farbbereich (= Blau- und Grüntöne mit etwas Violett) frei aufgetragen. Trocknen lassen.
3. Auf der anderen Hälfte des geteilten DIN A3-Blattes entsteht nun der Leuchtturm. Die Kinder können diesen mit einem nassen Pinsel auf dem Papier vormalen. Auf diese Weise kann man gefahrlos mit den Größenverhältnissen experimentieren. Erfahrungsgemäß werden die Türme erst einmal zu klein und müssen noch vergrößert werden. (Tipp: Auf dem hochkant gelegten Papier muss der Leuchtturm die Blattkanten oben und unten berühren.)
Beim Ausmalen der Türme müssen die Schüler die Farben kräftig anrühren, damit sie dickflüssig und deckend werden. Trocknen lassen.
4. Nun wird der Hintergrund für den Leuchtturm fertig gestellt:
Zuerst wird das Papier mit den „Wasser"-Farben in wellenförmige Streifen gerissen. Diese werden ab Blattmitte abwärts auf das „Himmel"-Blatt geklebt. Auf den Wellen wird inselförmig Klebstoff aufgetragen. (Tipp: Am besten eignet sich flüssiger Klebstoff, der gleichmäßig verstrichen werden kann.) Der Sand wird aufgestreut und überschüssiger Sand abgeschüttelt. (Tipp: Eine Sandschüssel für alle Kinder auf einem separaten Platz reicht in der Regel aus und verhindert eine flächendeckende „Krümelei".)
5. Der Leuchtturm wird ausgeschnitten. Etwas Altpapier wird zur leuchtturmgroßen „Wurst" gedreht und auf die Sandinsel geklebt. Darauf wird nun der Leuchtturm angebracht. Überstehendes Altpapier wird abgerissen. Der Leuchtturm erscheint nun richtig plastisch.
6. Zum Schluss sind der Fantasie der Kinder keine Grenzen gesetzt. Gräser, Muscheln, Hölzer, kleine Fischernetze aus Gardinenresten, Papierfische etc. können aufgeklebt werden. Leuchtturm und Hintergrund können mit einem Filzstift sauber gezeichnete Einzelheiten, Konturen und Feinheiten erhalten. Schnelle Schüler hätten noch Zeit einen Fischer oder ein Friesenpaar zu gestalten. (Tipp: Filzstiftzeichnung auf einem kleinen, separaten Blatt anfertigen, diese ausschneiden, aufkleben und nach Wunsch verzieren - vielleicht mit passenden Stoffresten.)

**Zusätzliche Aufgabe für schnell arbeitende Schüler:**
Eine sehr reizvolle und zeitlich flexible Zusatzaufgabe ist das Erstellen von „Sandbildern". Lassen Sie die Kinder selbst herausfinden, wie man Sand färbt. Geht es mit zerbröselten Naturmaterialien oder helfen die Farbtöpfe im Deckfarbenkasten? Eine wahre Aufgabe für Entdecker und Erfinder. Mit Papier und Uhu (besser: Kleister) lassen sich mit dem Farbsand interessante Ornamente, Motive oder abstrakte Bilder gestalten. Ein toller Spaß!

**Zusätzliche Lernziele:**
1. Vorhandenes Material verändern
2. Färbematerial unterschiedlicher Beschaffenheit auf ihre Möglichkeiten hin untersuchen und anwenden
3. Fläche durch farbige Muster gliedern und differenzieren bzw. eine Einzelfigur flächenfüllend und gegliedert darstellen

**Ideenkiste für den fächerübergreifenden Unterricht: „Rund um das Wasser"**

Das schwimmt ja alles!

**Sprache:**
1. Klassenlektüre „Die Wolkenreise" von S. Heuck / S. Koch
2. Wassernomen – Wassercluster (Wasser, Dampf, Tropfen, Spaß ...)
3. Wassergeschichten („Der Wassergeist ...") erfinden und aufschreiben
4. Vorgangsbeschreibung zu einem Wasserexperiment
6. „Marius, die Wasserzaubermaus" – Eine Umweltgeschichte
KOSTENLOSER KLASSENSATZ: Dt. Umwelt-Aktion e. V., Heinrich-Heine-Allee 23, 40213 Düsseldorf

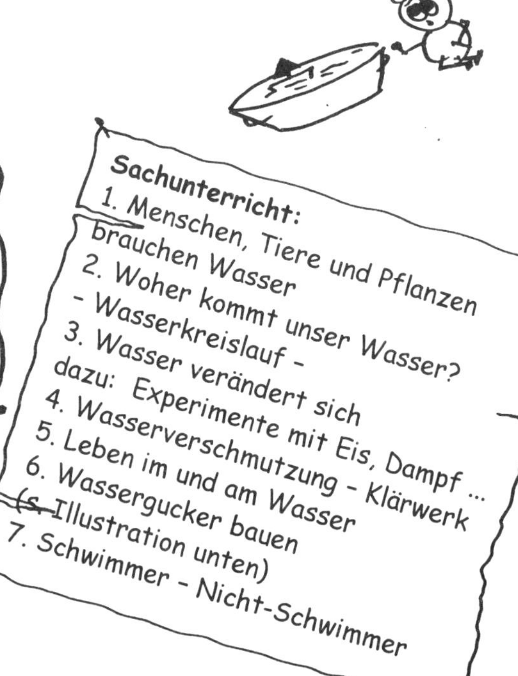

**Sachunterricht:**
1. Menschen, Tiere und Pflanzen brauchen Wasser
2. Woher kommt unser Wasser? – Wasserkreislauf –
3. Wasser verändert sich dazu: Experimente mit Eis, Dampf ...
4. Wasserverschmutzung – Klärwerk
5. Leben im und am Wasser
6. Wassergucker bauen (s. Illustration unten)
7. Schwimmer – Nicht-Schwimmer

**Musik:**
1. „Die Moldau" von F. Smetana
2. „Es war einmal ein Wasserhahn" von K. W. Hoffmann (u. a. in: Quartett – Lieder heute, Klett, Stuttgart)
3. „Sauberes Wasser" von D. Jöcker (aus: „Deine Welt ist meine Welt", Menschenkinder Musikverlag, Münster)
4. Wassergeräusche (tropfen, fließen ...)
5. „Ich schaukel auf dem Wasser" von D. Jöcker (aus: 1, 2, 3 im Sauseschritt, Menschenkinder Musikverlag, Münster)

Wasserdicht und wasser-durchlässig

**Fremdsprachlicher Unterricht:**
1. Lied „What shall we do with a drunken sailor ..." (u. a. in „Die Mundorgel", Mundorgel Verlag, Köln)
2. Wo ist Wasser? – Water is ... in the kitchen, in the sea, in ice, in rain, ...
3. Lied „London' s burning" (aus: Singlish 2, Klett, Stuttgart)

wird es vor allem auf
den Autobahnen gen Süden
Bereits für Freitagnachmit-
auf einem guten Dutzend
bahnen mit Behinderungen und
Staus gerechnet. Wartezeiten
müssen an den deutsch-öster-
-Raumschiffs
-chirm gen Boden.
Kilometer und der Ankunft
der Erde ließ er eine Lücke
legt habe. Beim Flug Gagarins
Aus aller
Sahara

# „Papageienbaum"

**Passend zu den Sach - Sprach - Projektthemen: Sommer - Tiere - Vögel - Zoo**

**Zeit:** 3 – 4 Unterrichtsstunden
**Material:** Deckfarben, Zeichenblock DIN A3, altes Zeitungspapier, Schere, Klebstoff,
**Nach Wahl:** schwarzer Filzstift (z. B.: edding 400, Colli-Marker 1 – 4 mm), Schwamm
**Lernziele:**

1. Differenzierung der Farbe Rot
2. Farbtonabstufungen der Farbe Grün (Hintergrund) – Aquarelltechnik
3. Qualitative Differenzierung der Farbe Grün (Blätter)
4. Symmetrieschnitttechnik kennen lernen und anwenden
5. Bildzeichen „Papagei" durch Umrisslinien entwickeln
6. Bildnerische Ordnung herstellen: Hintergrund (Baumkrone) und Motive (Papageien) auf die Fläche verteilen und einander zuordnen
7. Farbkontrast Rot - Grün erkennen und gezielt einsetzen und dadurch Figur und Grund aufeinander beziehen

**Einstieg:** Die Wirkung dieses Bildes beruht auf dem gezielten Einsatz von Farbkontrasten in der Malerei. Zudem erscheinen die Blätter der Baumkrone strukturiert durch die Verwendung von Altpapier und plastisch durch die verschiedenen Grüntöne.
Lassen Sie die Kinder von ihren Zooerfahrungen hinsichtlich der Vogelkäfige berichten. Noch besser ist eine gemeinsame Vorbereitung des Themas: In allen Klassen verfügen stets einige Kinder über Bücher oder Abbildungen von Wellensittichen, Papageien oder ähnlichen Vögeln mit farbenprächtigem Federkleid. Die gemeinsame Materialstudie stimmt fachkundig auf das Thema ein.

**Methodische Anleitungen / Bildaufbau:**
1. Zur Vorbereitung der Vögel werden verschiedene Rottöne gemischt und als freie Farbflecken oder Farbstreifen auf ein Zeichenblockblatt gemalt. Dabei müssen die Farbgrenzen „Nass – in – Nass" miteinander vermischt werden. Ideal sind Rotmischungen im Farbbereich von Orange bis Violett. Rotbraun sollte nur sehr sparsam verwendet werden. Trocknen lassen.
2. Mit einem dicken Pinsel, einem Schwamm oder einem Altpapierknäuel wird ein zweites DIN A3-Blatt angefeuchtet. Anschließend wird wenig grüne Farbe ungleichmäßig aufgestrichen oder getupft. Die dünn angerührte Farbe verläuft dabei sanft mit dem Wasser und erzeugt eine zarte Hintergrundtönung mit leichten Schattierungen.
3. Für die Palmblätter der Baumkrone wird wieder kräftig gemischt. Grüntöne von Gelbgrün bis Blaugrün werden auf das Zeitungspapier aufgetragen. Die Farbgrenzen lässt man im nassen Zustand ineinander laufen. Sollte die Farbe schon etwas angetrocknet sein, kann man die Farbgrenzen auch mit einem nassen Pinsel ineinander wischen. Trocknen lassen.
4. Das rotgefärbte Papier ist in der Zwischenzeit getrocknet, so dass man mit den Papageien fortfahren kann. Hier gibt es zwei Möglichkeiten:
Sie können zum einen anhand von Abbildungen die Konturen der Papageien mit den Kindern studieren und diese beschreiben lassen. Die Kinder zeichnen dann mit einem Bleistift ihre Formlösungen auf die Rückseite des rot gefärbten Papiers und schneiden die Vögel aus.
Alternativ können Sie auch die beigelegte Papageienschablone kopieren, auf Karton kleben und den Kindern als Zeichenschablone zur Verfügung stellen. Papageien auch hier wie oben ausschneiden lassen.
5. Jetzt werden die schmalen, langen Palmblätter aus dem Altpapier ausgeschnitten. Hier empfiehlt sich eine Art Scherenschnitttechnik. Ein Stück gefärbtes Papier wird an einer Stelle gefalten. Ab Faltkante schneiden die Kinder ein halbes Palmblatt aus. Aufklappen und fertig!
6. Zum Schluss werden die Motivteile auf dem Hintergrundblatt angeordnet. Die Blätter werden zu ein bis drei Baumkronen fächerförmig aufgeklebt. Die Papageien gruppieren die Kinder schließlich zwischen die Blätter. Je nach Papageiengröße verträgt ein Bild mehr oder weniger Tiere.
7. Nach Wunsch können die Papageien und die Blätter mit dem Filzstift umrandet werden, um die Konturen stärker hervortreten zu lassen und dadurch mehr „Tiefe" in das Bild zu bekommen. Das Bild wirkt aber auch ohne Randkonturen (siehe Abbildung).

**Zusätzliche Aufgaben für schnell arbeitende Schüler:**
1. Die Schüler gestalten nach dem obigen Gestaltungsprinzip weitere Papageien. Nun lautet die Aufgabe die Farbe Blau, Violett, Gelb oder Grün zu differenzieren. Die Vögel könnten dann z. B. als Gemeinschaftsarbeit (in einer auf schwarzem Karton gemalten Baumkrone sitzend) die Klassentür zieren.
2. Eine weitere reizvolle Weiterentwicklung des Themas ist es, das Überschneidungsproblem der Gestaltungsaufgabe einmal mit Bunt-, Filz-, oder Wachsmalstiften zu lösen. Hier gestalten die Kinder dieses oder ein beliebiges, ähnliches Motiv ohne das Überschneidungsproblem mit der Schere zu lösen. Etwas zum Tüfteln.

**Zusätzliche Lernziele:**
1. Differenzierung einer Farbe nach Wahl
2. Erfahrungen hinsichtlich der Wirkungen der unterschiedlichen Farben und deren „Mischungen" erfahren und empfinden
3. „Vorn und hinten" durch gezeichnete Überschneidungen herausarbeiten

## Ideenkiste für den fächerübergreifenden Unterricht: „Rund um Vögel"

**Sprache:**
1. „Wir schreiben ein Vogelbuch" (verschiedene Portraits, Nestbau, die Heimtierhaltung, ...)
2. Das Märchen vom „Feuervogel" lesen, erzählen, weiterschreiben
3. Vorgangsbeschreibung (Futterhaus-, Körnerring-herstellung o. ä.)
4. Gedicht „Vorm Fenster" von J. Guggenmos (aus: „Ein Elefant marschiert durchs Land", G. Bitter Verlag)
5. Lese-Mal-Kartei anlegen (z. B. mittels der Reihe „Lehrreiche Malbücher" aus dem Siebert Verlag)

**Sachunterricht:**
1. Heimische Vögel
2. Hausvögel: Wellensittich, Papagei, ...
3. Vogeleier, Aufzucht der Jungtiere ...
4. Vogelportraits
5. Vogelzug
6. Besuch im Vogelpark (z. B. Heiligenkirchen, 32760 Detmold, Tel: 05231 / 47439)
7. Vögel im Winter
8. Vogeltränke, -haus, -ringe herstellen

**Musik:**
1. „Vogel, schöner Vogel" von D. Jöcker (aus: Deine Welt ist meine Welt, Menschenkinder Verlag, Münster)
2. „Alle Vögel sind schon da"
3. „Auf einem Baum ein Kuckuck saß ..."
4. „Die Vögel wollten Hochzeit feiern ..."
5. „Die Vogelhochzeit", (z. B. als Musiktheater von Rolf Zuckowski, Ravensburger Verlag)
6. „Der Feuervogel" von I. Strawinsky (dazu: Quartett 3/4, Klett, Stuttgart)

**Kostenloses Video:**
„Mein Freund Toni" (Wellensittiche) vom Forschungskreis Heimtiere in der Gesellschaft, Postfach 130346, 20103 Hamburg

**Fremdsprachlicher Unterricht:**
1. Lied: „The cock is dead" (nach der Melodie des Liedes „Der Hahn ist tot")
2. Fingerspiel (mit zwei Zeigefingern):
Two little colored birds,
Sitting on a tree
one named Sally, one named Lee,
Fly away, Sally,
Fly away, Lee!
Come back to me, Sally,
Come back to me, Lee.

Differenzierungs-
aufgabe

# „Badetag bei Nili dem Nilpferd"

**Passend zu den Sach - Sprach - Projektthemen: Tiere - Zoo - Sommer, Schwimmen gehen - Meer - Körperpflege**

**Zeit:** 2 - 3 Unterrichtsstunden
**Material:** Deckfarben, Zeichenblock DIN A3, schwarzer Filzstift (ideal wäre ein edding 400 oder Colli Marker 1 - 4 mm)
**Lernziele:**

1. Bildzeichen „Nilpferd" durch Umrisslinien ausformen und differenzieren
2. Binnendifferenzierung der Tierform anhand grafischer Elemente (z. B. Augen, Haarborsten, Hautfalten etc.) herstellen
3. Flächenfüllendes Motiv in das Bildformat einordnen
4. Differenzierung der Farbe Rot mittels der Farben Orange, Blau und Violett probieren
5. Farbe akzentuieren: Dunklere Rottöne als Schattenfarbe einsetzen um eine Tiefenwirkung zu erzielen
6. Kontrastfarbbereich zum Farbbereich Orange – Rot – Violett ermitteln und gezielt einsetzen
7. Differenzierung der Farbe Blau mittels der Farben Grün und Violett und Differenzierung der Farbe Gelb mittels Grün
8. Gestalten eines differenzierten Hintergrundes mittels Deckfarbenmalerei (z. B. Fische, Wasserpflanzen) und grafischer Elemente (z. B. Wasserbewegung, Wellen)

**Einstieg:** Anhand eines Nilpferdfotos, einer Darstellung oder auch aus der Vorstellung beschreiben die Kinder Aussehen und Form dieses Tieres. Nun wird mittels einer Geschichte die veränderte Farbwahl begründet. Nili das Nilpferd könnte z. B. in Afrika im Wasser stehen und dösen. Dabei hat es einen tollen Traum. Die langweilige graue Farbe verwandelt sich in ein leuchtendes, fröhliches Rot, das in vielen Farbtönen schimmert... .

**Methodische Anleitungen / Bildaufbau:**

1. Bevor die Kinder mit dem Malen beginnen, muss noch die Motivgröße festgelegt werden. Das Nilpferd sollte soviel Raum auf dem Papier einnehmen wie möglich. Es wird dann immer noch eher zu klein als zu groß gemalt werden. Unsichere Kinder können Nili mit einem nassen (farblosen) Pinsel anskizzieren. Wenn die Größe und die Proportionen zufriedenstellend sind, können die kleinen Künstler mit deckender Farbe weitermalen.
Das Nilpferd wird mit einem kräftigen Rot ausgemalt. Auf die noch nasse Farbe wird nun zur Sonnenseite (Rücken) Orange aufgetragen und direkt auf dem Blatt mit dem Rot gemischt. Entsprechend erhalten die Schattenseiten Blau- und Violetttöne. So entstehen viele Rotabstufungen mit fließenden Farbübergängen, was eine tolle Fernwirkung des Motivs erzeugt. Rote Farbstellen, die vor dem Farbmischen schon angetrocknet sind, werden durch neuerlichen Farbauftrag mit Rot wieder angefeuchtet.
2. Nilis Traum geht weiter. Es möchte auf keinen Fall übersehen werden und erträumt sich um sich herum eine Farbe, die es besonders gut zur Geltung bringt. Das schaffen natürlich nur Kontrastfarben. Am Farbkreis suchen die Kinder die gegenüberliegende Misch- (und damit Kontrast-) Farbe: Das ist die Farbe Grün. Entsprechend den gemischten Orangerot- bis Violettrottönen kontrastieren diese die Gelbgrün- bis Blaugrüntöne. Diese sollen nun mit der gleichen „Nass-in-Nass" - Technik direkt auf dem Blatt gemischt werden.
Das Wasser (= untere Blatthälfte) wird grün ausgemalt und mit Blau (und wenig Violett) stellenweise vermischt.
Der Himmel (= obere Blatthälfte) wird gelb ausgemalt und stellenweise mit grün vermischt.
Bild durchtrocknen lassen.
3. Nach Wunsch und Fantasie kann der Hintergrund und das Nilpferd Nili ausdifferenziert und ergänzt werden. Mit Deckfarben können Fische in das Wasser gesetzt werden (die Nili bewundern), fantasievolle Wasserpflanzen können aus dem Wasser ragen. Der letzte Arbeitsgang und der Abschluss erfolgt mit dem Filzstift. Auf dem trockenen Blatt werden Nilis Konturen nachgezogen. Alle weiteren Hintergrundfiguren erhalten natürlich auch Konturen. Anschließend bekommt Nili ein Auge, ein Nasenloch, feine Haare, Nackenfalten ...
Um Nilis Füße wellt sich spiralförmig das Wasser und kleine Wellen kräuseln sich auf der Wasseroberfläche, die Wasserpflanzen erhalten Blattmuster, der Himmel erhält eventuell Vögel.
Aufgezogen auf einer violett- oder rotfarbenen Pappe wirkt unser Bild nun so, wie es sich Nili in seinen kühnsten Träumen nicht erdenken könnte.

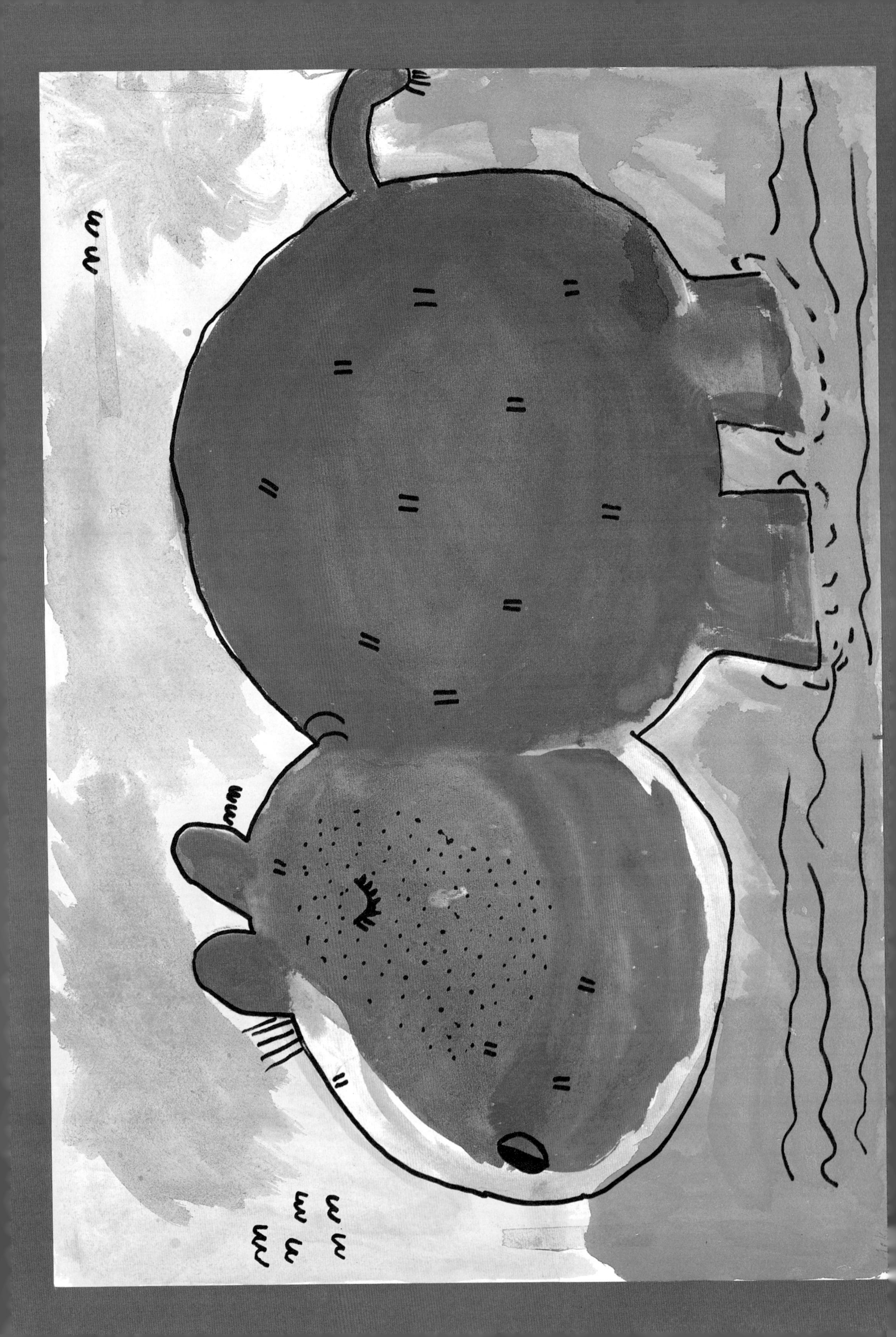

**Zusätzliche Aufgaben für schnell arbeitende Schüler:**

1. Um Nili, den Träumer, lassen sich weitere Geschichten spinnen. Was passiert alles im Wasser? Wer kommt noch dazu? Was findet Nili im Wasser? Was ist Nilis größter Wunsch? Analog zur beigelegten Comiczeichnung zeichnen oder malen die Kinder eine zusammenhängende Bildergeschichte. Möglich ist auch nur das letzte Bild zum Comic-Arbeitsblatt zu gestalten. Hierbei könnten die kleinen Künstler auch einmal andere Malwerkzeuge benutzen und ausprobieren (Bunt-, Filz-, Wachs-, Kreidestifte), sowie weitere Verfahren anwenden (z. B. Drucktechnik).
2. Lassen Sie doch einmal das gleiche Motiv mit getrübten (z. B. mit Braun gemischten) Farben malen oder anskizzieren. Das Bild vermittelt eine ganz andere „Stimmung". Die Betrachter reagieren mit völlig anderen Gedanken oder Geschichtenideen auf den Farbwechsel. Äußerst interessant und lehrreich.

**Zusätzliche Lernziele:**

1. Eine zusammenhängende Bildergeschichte gestalten bzw. einen komplexen Handlungsablauf darstellen
2. Erfahren, dass man durch Farbwahl Stimmungen und Empfindungen erzeugen kann

## Ideenkiste für den fächerübergreifenden Unterricht: „Rund um die Körperpflege"

**Sprache:**

1. „Gesundheits-Spiel" Würfelspiel gestalten, Spielregeln aufschreiben
2. „Erste Hilfe" - Buch schreiben (Klassengemeinschaftsarbeit)
3. „Der Struwwelpeter" von Dr. H. Hoffmann und dazu eine neue Bildergeschichte schreiben und gestalten
4. Geschichten vom Kranksein schreiben
5. Brief an einen kranken Klassenkameraden gestalten

**Sachunterricht:**

1. Was mein Körper alles kann
2. Körperpflege (Haut, Haare, Hände, Zähne, ...)
3. Gesund bleiben (Bewegung, Schlaf, Kleidung, Fernsehen, Lärm, ...)
4. Entspannungsübungen (Atmen, Yoga ... )
5. Vom Kranksein
6. Erste Hilfe
7. Richtige Ernährung
8. Heilkräuter
9. „Katzenwäsche" - Wie werden Tiere sauber?
10. Fachärzte - Krankenhäuser

**Musik:**

1. „Denkt euch nur, der Frosch war krank" (aus: Denkt euch nur, ... von Menschenkindern D. Jöcker, Menschenkinder Verlag, Münster)
2. „Ach mein armes Puppenkind" (aus: s. o.)
3. „Midel madel musche! Ich stehe in der Dusche" (s. Anlage)
4. Seele baumeln lassen (Körper- / Fantasiereise bei leiser Musik, Stilleübungen)

**Fremdsprachl. Unterricht:**

1. Lied „Head and shoulders..." (aus: Doodie, Hueber)
2. Eingedeutschte Begriffe:
frz.: Eau de Cologne, Parfum, Rouge, ...
engl.: Lotion, Make up, Spray, After Shave, Lady Shave

Umgang mit Suchtmitteln!

Das DRK veranstaltet in vielen Städten Kurse „Erste Hilfe von Kindern für Kinder"! Das DRK kommt auch in die Schulen!

## Midel madel musche!

*Text: Lore Kleikamp, Musik: Anke und Detlev Jöcker*

2. Midel madel mare!
Zuerst wasch ich die Haare.
Die Augen zu, dann beißt kein Schaum,
und zwickts ein wenig, merk ichs kaum.
Nun spül ich aus,
das wär getan.
Midel madel trallala,
midel madel man!

3. Midel madel maschen!
Jetzt muß ich noch mehr waschen,
Gesicht und Ohren, Hals und Kinn,
zum Rücken reich ich nicht ganz hin.
Die Arme dann,
den Bauch, den Po.
Midel madel trallala,
midel madel mo!

4. Midel madel mauber!
Noch bin ich nicht ganz sauber.
Ein Knie, ein Bein, das andre nun,
beim Duschen gibt es viel zu tun.
Die großen und die kleinen Zeh'n.
Midel madel trallala,
midel madel men!

5. Midel madel musche!
Jetzt kommt die kalte Dusche!
Ganz langsam streck ich einen Fuß,
doch dann nehm ich den vollen Guß.
Ich hab's geschafft!
Ich bin ganz stolz!
Midel madel trallala,
midel madel molz!

# „Wüstenzauber"

**Passend zu den Sach - Sprach - Projektthemen: Ferne Länder - Wüste - Wilde Tiere - Zoo - Sommer - Sonne**

**Zeit:** 2 - 3 Unterrichtsstunden
**Material:** Deckfarben, Zeichenpapier DIN A3, Schere, Klebstoff, schwarzer Filzstift
**Nach Wahl:** Sand
**Lernziele:**

1. Differenzierungen der Farben Blau und Orange herstellen
2. Bildzeichen „Dromedar" und „Palme" mit den entsprechenden typischen Merkmalen entwickeln
3. Farbflächen durch Nachbarfarben schattieren und gliedern
4. Erfahren, dass Farben Gefühle (von Wärme) auslösen können
5. Binnendifferenzierung u. a. mit grafischen Bildmitteln gestalten

Wie schon im Vorwort erläutert nehme ich an dieser Stelle eine Bildaufgabe meiner Kollegin Elke Jonat auf. Sie unterrichtet das Fach Gestaltung fachfremd und befasst sich auch privat nicht mit Malerei. Die abgebildete Arbeit ist ihre erste im Gestaltungsbereich Malen. Mit diesem Beispiel möchte ich allen Mut machen, anhand der im Vorwort aufgezeigten „Trickkiste" eigene Bildaufgaben zu einem aktuellen Sach - Sprachprojekt zu entwickeln. Dass das wunderbar geht, sehen Sie auf dieser Seite. Probieren Sie es einfach einmal aus!

**Einstieg:** „Ala, Ama, Ana, Asa, Ele, Eme, Ene, Ese, Ili, ..." Ein „fast arabisches" Gedicht von Kurt W. Peukert stimmt die Kinder dieses Mal „wüstenmäßig" ein. Dieses Gedicht ist nicht nur ein toller Sprachspiel - Zungenbrecher, sondern kann sogar bis zum Sprechgesang im Dreiklang gesteigert werden. Am besten sitzen dabei alle Kinder im „Beduinenkreis" im Schneidersitz auf dem Boden. Die Kamele haben wir an der Wasserstelle gelassen. Diese ruhen sich jetzt aus und „tanken" im wahrsten Sinne des Wortes auf.
Damit sind wir schon bei den Kamelen, die - haben sie nur einen „Höcker" - natürlich Dromedare sind. Die Kinder tragen ihre Kamel- und Dromedarkenntnisse zusammen und benennen alle wichtigen Körperteile und -merkmale. An dieser Stelle wäre eine Kamel- / Dromedarabbildung hilfreich, die die Kinder bei der Motivanalyse unterstützt.
Schließlich brauchen wir noch eine Farbvorstellung zur Bildaufgabe. Lassen Sie die Kinder die Augen schließen und wagen Sie eine Fantasiereise ins ferne, heiße Land. Beschreiben Sie das Land, die Sandmengen, die Weite der Wüste, die Hitze, die Gerüche nach Schweiß und Tier ... . Bei vielen Kindern entsteht dabei in der Regel ein inneres Bild von der Wüstenszenerie. Nach dem „Aufwachen" werden die Wüstenfarben noch einmal genau benannt und ggf. Mischübungen auf einem Probeblatt gemacht. Jetzt kann es losgehen!

**Methodische Anleitungen / Bildaufbau:**
1. Ein möglicher, günstiger Bildaufbau könnte mit der Wasserstelle beginnen. In verschiedenen Blautönen fließt das Wasser über unsere Bildmitte. Vor und hinter dem Wasserlauf ragen die Sanddünen auf dem Bild empor. Es werden Orangetöne, Gelb-, Braun-, und Ockertöne miteinander gemischt und hügelförmig aufgemalt. Natürlich könnte auch ein „glühender" Wüstenhimmel mit sengender Sonne gemalt werden. Trocknen lassen.
Am Rand der Wasserstelle müht sich schließlich noch etwas seltenes Grün aus dem Boden.
2. Auf einem zweiten Blatt werden Wüstenpflanzen und -bäume sowie die Dromedare separat gemalt. Sie können die Tiere frei aus der Hand malen lassen oder die beigefügte Kopiervorlage als Schablone anbieten. Jede Farbfläche wird nach Möglichkeit zweifarbig gestaltet: In die noch nasse Hauptfarbe wird die Nachbarfarbe (siehe Itten-Farbkreis im Vorwort) stellenweise eingetupft. Dadurch erhalten die Motive einen plastischen, lebendigen Ausdruck. Motive trocknen lassen und ausschneiden.
3. Die einzelnen Motive werden auf dem Hintergrund angeordnet und einander zugeordnet. Erst wenn die Bildkomposition den kleinen Künstler zufrieden stellt, wird alles aufgeklebt.
4. Um die Formen und Farben noch klarer hervortreten zu lassen, werden die Bildelemente mit einem schwarzen Filzstift eingefasst. Feine Einzelheiten (z. B. Dromedarhaare) können schließlich noch ergänzt werden.
5. Ein wenig Vogel- oder Spielplatzsand bildet das abschließende „Pünktchen auf dem i".

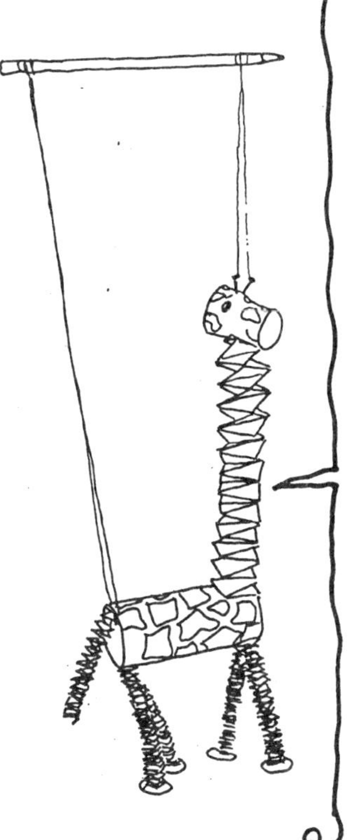

**Zusätzliche Aufgaben für schnell arbeitende Schüler:**

1. Mit Tonpapier oder Modelliermasse können noch kleine Beduinen für die Wüstenszenerie gestaltet werden. Diese werden dann in weiße Stoffreste gehüllt. Diese Zusatzaufgabe bietet auch die Möglichkeit Kleidung unter funktionalen Gesichtspunkten zu besprechen (Exkurs in den Gestaltungsbereich „Bilden textiler Formen"). In diesem Zusammenhang bieten sich ferner die Projektthemen Nr. 12 (Regenschutzbekleidung, Sicherheitskleidung) und Nr. 8 (Kleidung als Zeichen) an.
Für die Beduinenkleidung lassen sich auch dünne, schwarze Kordeln drehen. Auch die Dromedare können „Kopfgeschirr" aus Kordeln bekommen.
2. Aus Toilettenpapierrollen (Bauch), sogenannten „Hexentreppen" (Beine , Hals), Wollresten und einem Stock kann man tolle Tiermarionetten basteln. Dromedare sind dabei genauso geeignet wie Giraffen, Elefanten, Affen etc.

**Zusätzliche Lernziele:**

1. Bildzeichen „Mensch" aus Tonpapier oder Modelliermasse gestalten und eine textile Hülle (Beduinenbekleidung) zuschneiden und formen
2. Tierfigur mit typischen Merkmalen gestalten und zu einer funktionsfähigen Spielfigur (Marionette) erweitern

## Ideenkiste für den fächerübergreifenden Unterricht: „Rund um die Sonne"

**Sachunterricht:**

1. Der glühende Gasball Sonne (Durchmesser, Temperatur, Entfernung zur Erde, Lebensspender)
2. Sonnenaufgang – Sonnenuntergang – Himmelsrichtungen
3. Sonne im Tagesverlauf und im Jahresverlauf
4. Kompass – Kompass selber bauen
5. Temperatur und Thermometer
6. Sonnen (-wetter) -protokoll
7. Sonnenexperimente (z. B. Sonnenuhr, „Sonnenkocher", Pflanzen ohne Sonne)
8. Sonne ist lebensnotwendig, kann aber auch gefährlich sein
9. Sonnenenergie
10. Schatten und Schattenspiele

**Sprache:**

1. Spiele sammeln und aufschreiben: Spielkartei „Sonnenspiele - Schattenspiele - Spiele für draußen" anlegen
2. Sommer – Sonnen – Geschichten erfinden und aufschreiben
3. Versuchsbeschreibung (Vorgangsbeschreibung) zu einem Sonnenexperiment
4. Klassenlektüre „Komm ich zeige dir die Sonne" von D. Hüttner, rororo

GOOD MORNING (aus: Sing Every Day)

"Sunny" könnte ersetzt werden durch "Rainy, Foggy, Frosty, Windy."

**Fremdsprachlicher Unterricht:**

1. Begriffe: sun, ice, summer, holiday, ...
2. Zungenbrecher: „The sun shines on the shog signs."
3. Lied: „Good morning" (aus: Sing Every Day, Cornelsen, Berlin)

**Musik:**

1. „Die güldene Sonne" von P. v. Zessen / J. G. Ahle (aus: Die Mundorgel, Mundorgel Verlag, Köln)
2. „Hallo Sonne" von V. Rosin (aus: Beatles für Kinder, Moon Records, Düsseldorf)
3. „Wenn die Sonne ihre Strahlen" von E. Rechlin / H. Lemmermann (Fidula Verlag, Boppard)
4. „Summ galigali" von R. Keßler (aus: Quartett – Lieder heute, Klett, Stuttgart)

# „Fünf Freunde am Lagerfeuer“

**Passend zu den Sach - Sprach - Projektthemen: Freundschaft - Teilen - Tiere - Feuer - Sommer - Freizeit**

**Zeit:** 4 - 5 Unterrichtsstunden
**Material:** Deckfarben, Zeichenblock DIN A3, Schere, Klebstoff, schwarzer Filzstift (ideal: edding 400)
**Lernziele:**

1. Bildzeichen für verschiedene Tiere entwickeln
2. Sitzpositionen und Seitenprofile der Tiere darstellen
3. Figurgruppen auf der Fläche verteilen und einander zuordnen: Beziehungen der „Tierfreunde“ untereinander darstellen
4. „Vorne - Hinten“ durch Überschneidungen herausarbeiten
5. Helligkeitsabstufungen der einzelnen Farben durch Wasserzugabe erzielen
6. Farben akzentuieren: Licht - Schatten - Seiten der einzelnen Motive betonen
7. Differenzierungen der Farben Grün, Blau, Braun, Orange - Farben verändern
8. Figur und Grund durch Farbkontraste und entsprechende Größenverhältnisse (Tiere - Motiv- / Feuer, Baum - Hintergrund-) aufeinander beziehen

**Einstieg:** Dieses Bild erscheint auf den ersten Blick sehr schwierig. Sie werden beim weiteren Lesen aber feststellen, dass die einzelnen Gestaltungsschritte so aufgeschlüsselt sind, dass jeder für sich leicht nachzuarbeiten ist.
Anhand einer Geschichte über ein paar Waldtiere, die dicke Freunde sind, kann das Bildthema eingeführt werden. Was machen dicke Freunde? Sie teilen. Sie teilen ihre Zeit, ihr Essen, ihre Freude, gemeinsame Interessen und lästige Pflichten. Fünf dicke Freunde sitzen an einem Sommerabend zusammen und machen es sich richtig schön gemütlich. Berthold, der Bär, macht den Vorschlag, gemeinsam ein Feuer anzuzünden und etwas Tolles zu grillen. Alle sind begeistert. ...
Also wird zuerst in der Nähe eines großen Baumes Feuer gemacht. Auch die kleinen Künstler beginnen mit dieser Aufgabe.

**Methodische Anleitungen / Bildaufbau:**

1. Mit klarem Wasser wird der Hintergrund vorgezeichnet. Auf diese Weise kann man mit den Größenverhältnissen experimentieren ohne sich sein Bild zu verderben.
Das Feuer wird angelegt, der große Baum, die Wiese bzw. der Waldboden und der Abendhimmel. Für jedes Element gilt das gleiche Prinzip. Es wird einzeln mit der entsprechenden Farbe ausgemalt und die noch nasse Farbe anschließend etwas verändert: Das orange Feuer erhält noch etwas Gelb und Rot, der Baumstamm zur Schattenseite etwas Braunschwarz, die Baumkrone zur Schattenseite etwas Dunkelgrün und Braungrün, der Himmel ist in der Nähe des Feuers wasserhellblau und zum Blattrand hin dunkelblau bis violett, die Waldwiese schließlich entspricht farblich der Baumkrone.
Trocknen lassen.

2. Nun sind die fünf Freunde an der Reihe. Auf einem zweiten Blatt entstehen fünf beliebige Tiere. Es dürfen auch Elefanten, Schlangen, Krokodile sein. Jedes ist am Lagerfeuer herzlich willkommen. Die Kinder dürfen ruhig ihre Lieblingstiere malen.
Zuerst legen die Schüler mit dem nassen, sauberen Pinsel die Körpergröße des Tieres fest. Diese Proportion muss natürlich zu den Motivgrößen des Hintergrundes passen. (Tipp: Lassen Sie die Kinder das Papier in der entsprechenden Größe zuschneiden, dann ist das Größenproblem gelöst und stört nicht mehr.)
Auf dem Blattstück wird das sitzende Tier vorgemalt (nasser Pinsel). Natürlich sind die Tierdarstellungen noch äußerst grob, aber die interessanten, tiertypischen Details werden erst später mit dem Filzstift ergänzt.
Sind die Kinder mit ihrer ersten Tierdarstellung zufrieden, wird diese farbig ausgemalt. Damit ein Hell - Dunkel - Schatteneffekt entsteht, können die Kinder auf die noch nasse Farbe etwas Gelb und Schwarzbraun auftragen: Gelb wird auf die Körperseite aufgetragen, die zum Feuer zeigt, Schwarzbraun auf die Schattenseite. Das ist aber eine Differenzierungsübung für Kinder, die sich einmal an etwas Schwieriges heranwagen möchten. In meinem dritten Schuljahr haben sich alle Kinder an diese „Königsaufgabe“ herangetraut. Auch wenn das Schattieren nicht unbedingt immer hundertprozentig gelingt, entsteht doch auf diese Weise auf jeder Tierfigur ein interessanter Farbeffekt, der den Tieren etwas Plastisches gibt. Die Wirkung kommt aber erst nach dem letzten Arbeitsschritt, dem Konturieren, vollends heraus.
Die restlichen vier Figuren entstehen wie die erste. Übrigens: Es darf auch ruhig einmal ein Tierentwurf

M.K

ver- (wegge-) worfen werden. Experimentelles Malen und ein „Formenausprobieren“ muss das erlauben.
3. Der Rest ist nun schnell gemacht: Die fünf Freunde werden ausgeschnitten. Die Kinder probieren mögliche Anordnungen um das Feuer aus. Die Figuren sollen sich ruhig überschneiden. Größere Tiere werden günstigerweise „nach hinten“ gesetzt, kleinere in den Vordergrund. Erst wenn die Bildkomposition vollends zufrieden stellt, wird aufgeklebt.
4. Zum Schluss wird der schwarze Filzstift eingesetzt und holt noch einmal eine erstaunliche Wirkung aus dem Bild.
Alle Motiv- und Hintergrundelemente werden umrandet. Schließlich erfolgt die letzte Binnendifferenzierung der Tiere und Hintergrundelemente: z. B. erhält der Baum Astlöcher und kleine Besucher, die Tiere bekommen Augen, Mund, einige Fellhaare, Tatzen etc., das Lagerfeuer kann noch mit kleinen Steinen „abgesichert“ werden, der Himmel erhält die unvermeidlichen Sterne und so weiter und so weiter.

**Zusätzliche Aufgaben für schnell arbeitende Schüler:**
Eine äußerst reizvolle Anschlussaufgabe könnte das experimentelle Arbeiten mit einem plastischen Material (z. B. Knete) sein. Die Kinder versuchen eine möglichst differenzierte Darstellung eines sitzenden Tieres. Diese könnten sich zu einer Gemeinschaftsarbeit und Ausstellung um ein (Papier-) Feuer treffen.

**Zusätzliche Lernziele:**
1. Sitzende Tierfiguren aus Ton, Modelliermasse oder Knete formen
2. Differenzierte Gliedmaßen gestalten
3. Figuren aufeinander beziehen

## Ideenkiste für den fächerübergreifenden Unterricht: „Rund um den Sommer“

**Sprache:**
1. „Weißt du, wie der Sommer riecht / schmeckt / klingt...“ Gedicht von I. Kleberger (aus: Die Stadt der Kinder, DTV Verlag; s. auch: Grundschulmagazin 3/95) Wie riechen, schmecken, klingen die anderen Jahreszeiten oder die Ferien
2. Ferienpläne schmieden, malen und aufschreiben
3. Sommer-ABC oder ein Urlaubs-ABC aufschreiben
4. Ferienschätze sammeln und „ihre“ Geschichte aufschreiben
5. Draußen-Spiele-Kartei anlegen (Gemeinschaftsarbeit)

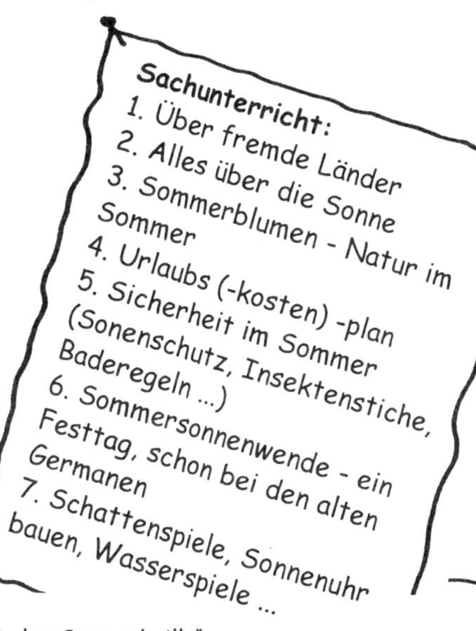
**Sachunterricht:**
1. Über fremde Länder
2. Alles über die Sonne
3. Sommerblumen - Natur im Sommer
4. Urlaubs (-kosten) -plan
5. Sicherheit im Sommer (Sonenschutz, Insektenstiche, Baderegeln ...)
6. Sommersonnenwende - ein Festtag, schon bei den alten Germanen
7. Schattenspiele, Sonnenuhr bauen, Wasserspiele ...

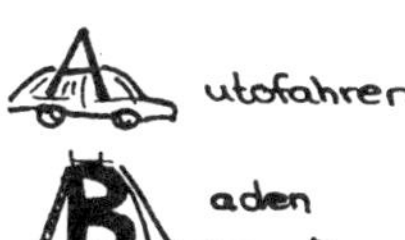

**Fremdsprachl. Unterricht:**
Freizeitbeschäftigungen (football, swimming, badminton, basketball, body building, camping, skating, fitness training, hockey, jogging, rallye, rugby, skate-board, surfing, volleyball ...

**Musik:**
1. „Der Gorilla mit der Sonnenbrille“ von V. Rosin (aus: Typisch Volker Rosin, Moon Records, Düsseldorf)
2. „Ferien - Samba“ von H. Lemmermann nach einem Gedicht von J. Krüss (aus: „Die Sonnenblume“, Fidula Verlag, Boppard)
3. „Tra - ri - ra, der Sommertag ist da“ - Volkslied (aus: Quartett 3/4, Klett Verlag, Stuttgart)
4. „Lachend kommt der Sommer“ - Volkslied (u. a. in Qartett 3/4, Klett Verlag, Stuttgart)
5. „Wenn die Sonne ihre Strahlen“ von E. Rechlin / H. Lemmermann, (Fidula Verlag, Boppard)
6. „Die Tiere feiern Sommerfest“ von R. Krenzer, (u. a. in „Mimi, die Lesemaus“, LH, Oldenbourg)
Melodie: „Ein Vogel wollte Hochzeit feiern ...“
7. „Danke liebe Sonne“ von D. Jöcker (aus: „Denkt euch nur, der Frosch war krank“, Menschenkinder Verlag, Münster)

# „Ein Eis. Aber bitte mit Sahne"

**Passend zu den Sach - Sprach - Projektthemen: Sommer - Ernährung - Zahnpflege**

**Zeit:** 2 - 3 Unterrichtsstunden
**Material:** Deckfarben oder Dispersionsfarben, Zeichenblock DIN A3 und / oder farbiges Tonpapier, Deckweiß (Tipp: Deck-Mischweiß beim Labbé-Versand, T: 02271 - 4949 - 0 500 ml Flasche: 10,20 DM, Best. Nr. 717)
**Nach Wahl:** Marmeladenglasdeckel zum Mischen und Portionieren der Deckfarbe
**Lernziele:**

1. Gouachetechnik kennen lernen
2. Brechen von Farben durch Helltrübung üben (Qualitätskontrast)
3. Unterschiedliche Nuancen einer Farbe durch den verwendeten Weißanteil beim Mischen herstellen
4. Überschneidung der Eisbällchen herausarbeiten
5. Einordnen des Motivs in das Bildformat
6. Fläche (Eisbällchen und -becher) durch farbige Muster gliedern und differenzieren
7. Empfinden, dass bestimmte Farbmischungen Gefühle (z. B. von Kälte) auslösen können

**Einstieg:** „Ein Eis. Aber bitte mit Sahne!" Der Bildtitel darf fast wörtlich genommen werden. Bei diesem Thema dürfen und müssen die Kinder mit reichlich Farbsahne (Deckweiß) matschen und mischen. Allein diese Ankündigung ist in der Regel Motivation genug für die Kunstaufgabe. Zuvor muss aber noch besprochen werden, wie „Sahneeis" und welche Sorten hergestellt werden können. Eine große Flasche Deckweiß reicht in der Regel als stummer Impuls aus, um deutlich zu machen, worin das Farbgeheimnis von gemaltem Eis liegt. Auf großen runden Papierscheiben darf nun ausprobiert werden. Ganz schnell wird klar, wie ein gutes Mischverhältnis Farbe - Deckweiß aussieht: Ein großer Klecks Deckweiß und nur wenig Farbe reichen für ein farbiges „Eiserlebnis" aus.
Mit den bemalten „Probescheiben" wird auch die Überschneidungsproblematik besprochen und handelnd ausprobiert: Vorne sind die Eisbällchen fast vollständig zu sehen. Um so mehr sie „hinten" liegen, umso weniger ist zu erkennen und wird nicht gemalt.
Die verschiedenen Sorten werden durch entsprechende Farbmischungen erzeugt: Erdbeereis: Weiß und Rot, Bananeneis: Weiß und Gelb, Blaubeereis: Weiß und Blau, Kiwieis: Weiß und Grün etc.
Übrigens ein Bildthema schon für die jüngsten Grundschüler!

**Methodische Anleitungen / Bildaufbau:**
1. Unter der Gouachemaltechnik (auch Guaschtechnik genannt) versteht man das Malen und Mischen von Wasserfarben mit Tempera- oder Deckweiß wie auch das Mischen deckender Farben untereinander. Damit die Kinder wirklich deckend malen und auch ein Gefühl für die sehr deckend gemischten Farben erhalten, empfehle ich diese Arbeit auf farbigem Tonpapier gestalten zu lassen.
Der Eisbecher oder die Eiswaffel wird als „Halte- und Orientierungspunkt" zuerst aufgemalt. Nun können die Eisbällchen eingefüllt werden. Die vorderen Bällchen werden zu Beginn gestaltet. Die übrigen bauen sich hinter den vorderen auf.
Möchten Sie im ersten Schuljahr die Überschneidungsproblematik überbrücken, können Sie die Eisbällchen auch einzeln malen lassen. Diese werden nach dem Trocknen ausgeschnitten und von hinten / oben nach vorne / unten aufgeklebt. Bei diesem Vorgehen wird der Eisbecher erst zum Schluss vorne auf die unteren Bällchen geklebt.
2. Jetzt wird ein weiterer Bogen Tonpapier benötigt. Der Hintergrund wird in einer passenden Kontrastfarbe gestaltet. Nun sollen noch einmal so viele Farbnuancen wie möglich durch Helltrübung der gewählten Farbe gemischt und in einem fließenden Farbübergang auf das Hintergrundpapier aufgetragen werden. Eine Meisterübung, die aber - egal wie sie gelingt - immer einen interessanten Effekt hat.
3. Schließlich wird jeder tolle Eisbecher entsprechend garniert. Hier sind der Fantasie der Kinder keine Grenzen gesetzt: Eine Extraportion Sahne kann auf das Eis gegeben werden. „Liebesperlen" verzieren die Eisbällchen. Der Eisbecher wird zu einer Kostbarkeit verzaubert. Eine Waffel steckt mitten im Eis ... .
4. Um dem Bild noch eine weitere plastische Wirkung zu geben, kann man den fertigen Eisbecher nicht direkt auf das Hintergrundpapier kleben, sondern auf ein paar „Abstandhalter" (z. B.: Marmeladenglasdeckel).

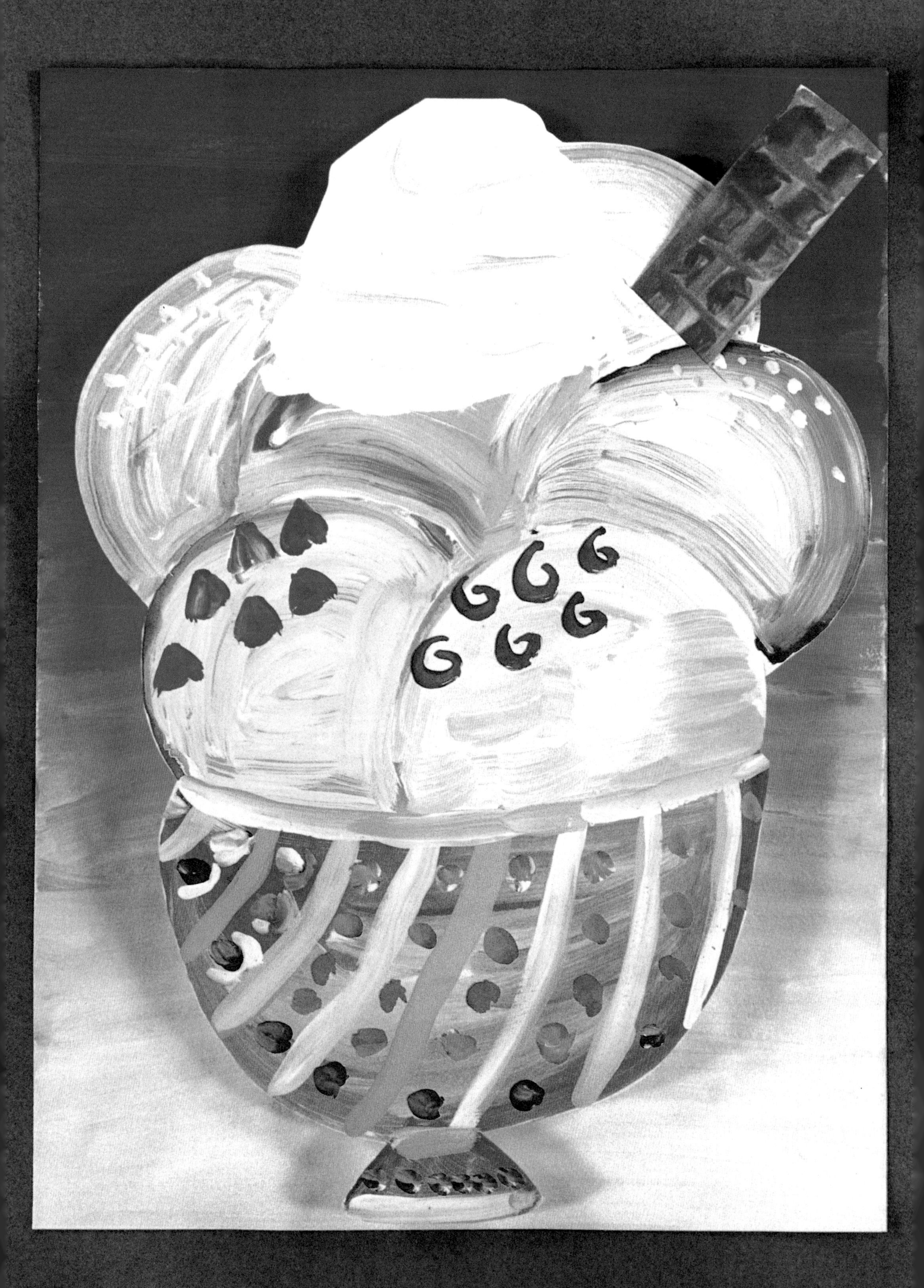

**Zusätzliche Aufgaben für schnell arbeitende Schüler:**
1. Wenn wir schon einmal in den süßen Sachen schwelgen, können wir unserer Fantasie weiter freien Lauf gewähren und all die anderen Leckereien gestalten, die es noch gibt: Lollis, bunte Bonbons, Zuckerwatte, Schokolade, Gummibärchen etc. Die Kinder malen sie in kleineren Formaten (z. B. DIN A4) und schneiden und kleben sie zu einem Stillleben ganz anderer Art zusammen. (Spätestens an dieser Stelle wäre ein kleiner Exkurs über Zahnpflege und gesunde Ernährung fällig.)
2. Aus Knetgummi lassen sich toll Lebensmittel jeder Art formen. Das ist sehr witzig, macht Spaß und trainiert die Feinmotorik der „Schönschreiber". Beispielsweise könnten so ein Spiegelei, Pommes Frites, Obstsorten, Gemüse, Spaghetti ... entstehen.
3. Eine einfache Gestaltungsaufgabe wäre auch das Malen und Nachsticken eines Lutschers, Bonbons, einer Möhre usw. Eine Leckerei wird auf Karton gemalt. Die entsprechende Kontrastfarbe füllt den Hintergrund. Mit Stickgarn und stumpfer oder spitzer Sticknadel werden Umrisslinien und Muster auf die Süßigkeit auf dem Karton gestickt. Das hat eine verblüffende Wirkung und ist sehr leicht.

**Zusätzliche Lernziele:**
1. Bildzeichen „Süßigkeiten" durch Umrisslinien und Binnenzeichnung ausformen und differenzieren unter Verwendung der Gouachetechnik
2. Lebensmittel aus einem plastischen Material formen und typische Merkmale gestalten
3. Konturen mittels dazu geeigneter Stickstiche nachsticken und Motiv durch ein Muster betonen und gliedern

## PAT A CAKE

(aus: Sing Every Day)

## Der volle Sack (von Wilhelm Busch)

Ein dicker Sack – den Bauer Bolte,
der ihn zur Mühle tragen wollte,
um auszuruh'n, mal hingestellt
dicht an ein reifes Ährenfeld –
legt' sich in würdevolle Falten
und fing' ne Rede an zu halten.
„Ich", sprach er, „bin der volle Sack.
Ihr Ähren seid nur dünnes Pack.
Ich bin's, der euch auf dieser Welt
in Einigkeit zusammenhält.
Ich bin's, der hoch vonnöten ist,
daß euch das Federvieh nicht frißt;
ich, dessen hohe Fassungskraft
euch schließlich in die Mühle schafft.
Verneigt euch tief; denn ich bin der!
Was wäret ihr, wenn ich nicht wär'?"

? ? ?

*Was könnten die Ähren wohl antworten?*
*Es muss sich nicht unbedingt reimen.*

„Sanft rauschten die Ähren:
'Du wärst ein leerer Schlauch,
wenn wir nicht wären.'"


BVK PA 02 · Doris Krebs: Kunstprojekte zur Klassenraumgestaltung, Band I: Sommer und Herbst

## Ideenkiste für den fächerübergreifenden Unterricht: „Rund um die Ernährung"

**Sprache:**

1. Einkaufsliste für ein gesundes Frühstück schreiben
2. Rezepte für ein gesundes Frühstück sammeln, aufschreiben und zu einem Kochbuch zusammenstellen
3. Wochenplan „Wunschessen" aufschreiben
4. „Robotermenü" erfinden und aufschreiben (Drahtspagetti, Nägelsuppe ...)
5. Übungen zu Nahrungsmittel-Nomen (Einzahl / Mehrzahl, zusammengesetzte Nomen (Tomatensoße, Obstsalat), Artikel, Pronomensätze etc.)
6. Übungen zu den Adjektiven (z. B.: Gegenteile: süß - sauer, kalt - warm)
7. Mein Traummenü - Lustige und fantasievolle Speisekarten erfinden und aufschreiben
8. Schlemmer - ABC
9. Rollenspiel „Einkaufsgespräch"
10. Die Geschichte vom Suppenkaspar
11. Klassenlektüre „Wir pfeifen auf den Gurkenkönig", C. Nöstlinger, rororo

**Sachunterricht:**

1. Warum muss der Mensch essen und trinken - Der Körper
2. Die Nährstoffe
3. Lebensmittelgruppen
4. Die ausgewogene Ernährung
5. Die Bedeutung der Mahlzeiten
6. Verdauung und andere Körperfunktionen
7. Das gesunde Schulfrühstück - Butterbrotgesichter
8. Heilkräuter
9. Lebensmittel konservieren
10. „Tischlein deck dich" - Tisch- und Esskultur
11. Küchengeräte (früher - heute)

**Fremdsprachlicher Unterricht:**

1. Begriffe: breakfast, lunch, dinner, cake, sandwich, coffee, tea, chocolate, milk, hamburger, steak, ...
2. Kanon: „Come to dinner" (aus: Sing Every Day)
3. Lied „Chewing Gum" (aus: Singlish 2, Klett, Stuttgart)
4. Reim: „One, two, three, four, Mary at the kitchen door , five, six, seven , eight, eating cherries off a plate"
5. Zungenbrecher: „Peter Piper picked a peck of pickled pepper"
6. Sätze: „Bon appetit", „Eet smakelijk", „Buon appetito"
7. Ausländische Rezepte ausprobieren

Kostenloses und kostengünstiges Begleitmaterial für Lehrer und Schüler:
„Ernährung für Kinder", Institut DANONE für Ernährung, Schönfeldstr. 12 a, 83022 Rosenheim
„So macht Essen Spaß - Mal-, Spiel-, Bastelheft", AID e. V., Konstantinstr. 124, 53179 Bonn
„Thema: Naschen", Bundeszentrale für gesundheitliche Aufklärung, Köln
„Gesund bleiben mit gesunder Ernährung", Deutscher Kassenarztverband

**Musik:**

1. „Lollipop" von V. Rosin (Original: The Chordettes) (aus: Oldies für Kinder, Moon Records Verlag, Düsseldorf)
2. „Gummibärchen und Spaghetti" von V. Rosin (aus: Typisch Volker Rosin, Moon Records Verlag, Düsseldorf)
3. „Eisladen" von M. Ansohn (aus: Kolibri 3/4, Schroedel, Hannover)
4. „Eis in der Sonne" (aus: Kolibri 3/4, Schroedel, Hannover)
5. „Quatsch mit Soße" von K. Neuhaus (aus: Liederbuch 1993, Velber, Seelze)
6. „Gib acht, wenn du Spaghetti ißt" von R. Krenzer / L. Edelkötter (aus: Ich gebe Dir die Hände, Impulse Musikverlag, Drensteinfurt)
7. „Hunger wie ein Bär" von R. Krenzer / L. Edelkötter (aus: Du, ich geh einfach auf dich zu, Impulse Musikverlag, Drensteinfurt)
8. „Dankeschön" von R. Krenzer (aus: Ich gebe Dir die Hände, Impulse Musikverlag, Drensteinfurt)
9. Popkorntanz (Kinder im „Seilkreis" spielen Maiskörner, die langsam zu Popkörnern aufplatzen)
10. „Pat a cake" (aus: Sing Every Day, Text siehe Seite 28)

# „Katzenpaar auf dem Dach"

**Passend zu den Sach - Sprach - Projektthemen: Sommer - Tiere, Haustiere, Stadttiere - Liebe, Freundschaft - Wohnstätte**

**Zeit:** 3 - 4 Unterrichtsstunden
**Material:** Deckfarben, Zeichenblock DIN A3, Altpapier, Schere, Klebstoff
**Nach Wahl:** schwarzer Filzstift (ideal: edding 400), kleine Schwämme
**Lernziele:**
1. Hintergrund in Aquarelltechnik anlegen
2. Die Farbe Rot qualitativ differenzieren (Dachziegel)
3. Die Farbe Orange durch Hell-Trübung brechen (Sonne)
4. Bildzeichen „Katze" durch Umrisslinien ausformen
5. Bildnerische Ordnung herstellen:
   a) Einzelfiguren einander zuordnen (Katzen)
   b) Figur und Grund durch Angleichen und Kontraste aufeinander beziehen
   c) Größenverhältnisse im Figur - Grund - Bezug beachten

**Einstieg:** Dieses Bild entstand im Rahmen der behandelten Ganzschrift „Ben liebt Anna" von P. Härtling und war in das Projektthema „Freundschaft, Liebe, Sexualerziehung" eingebettet.
Ein schöner und schneller Einstieg in die Bildaufgabe bietet das gemeinsam gesungene (und getanzte) Lied „Katzentatzentanz" von F. Vahle (Middelhauve Verlag).

**Methodische Anleitungen / Bildaufbau:**
1. Zuerst wird der Hintergrund auf einem DIN A3-Blatt angelegt. Dazu feuchten die Kinder das Zeichenpapier an. (Tipp: Kleine Schwämme benutzen.) Mit einem dicken Pinsel tragen sie die dünn angerührten Himmelfarben auf und lassen sie mit dem Wasser verlaufen. Es empfehlen sich besonders Blau-, Violett-, Rot- und Gelbtöne, die sanft ineinander laufen dürfen. Wichtig ist, dass das Papier an den Auftragsstellen immer noch gut feucht ist, damit dieser zarte Aquarelleffekt erhalten bleibt. Ferner dürfen die kleinen Maler natürlich nur sehr wenig Farbe mit dem Pinsel aufnehmen.
2. Nun werden Dachziegel produziert. Eine halbe Zeitungspapierseite wird mit verschiedenen Rot-, Braunrot-, Violettrot- und Bordeauxrottönen eingefärbt. Dabei rühren die Kinder die Farben deckend an. Sie können Rottöne im Farbkastendeckel oder auch auf dem Blatt mischen.
Trocknen lassen.
3. Für die leuchtende Abendsonne benötigen die Kinder ein DIN A5-Blatt (Tipp: Ein Zeichenblockblatt auf vier Kinder verteilen.). Ein das Blatt ausfüllender, oranger Kreis wird aufgemalt. Die Kinder malen nun im Kreis rundherum die Sonne aus. Dabei verwenden sie immer weniger Orange und immer mehr Weiß (oder auch Wasser). In der Mitte schließlich wird nur noch weiße Farbe (Wasser) aufgetragen. Sollten die Farbübergänge im Kreis noch nicht fließend genug sein, kann man den Kreis noch einmal mit einem nassen Schwamm oder einem sauberen, nassen Pinsel von außen nach innen nachziehen. Die trockene Sonne wird ausgeschnitten und unterhalb der Blattmitte auf den Hintergrund geklebt.
4. Das Dach wird gedeckt. Das rote Zeitungspapier wird in Rechtecke geschnitten. Vom unteren Blattrand an werden die Ziegel nun Reihe für Reihe aufgeklebt. Etwa ein Drittel des Blattes sollte bedeckt sein. Die Kinder müssen sauber kleben und dürfen keine Lücken entstehen lassen. Das ist nicht schwer, bedarf aber Sorgfalt und Geduld - auch Fähigkeiten, die der Kunstunterricht schulen will.
5. Mit kräftig, deckend angerührter schwarzer Farbe entsteht das Katzenpaar. Kopf und Rumpf werden durch zwei Kreisflächen gebildet. Je nach Wunsch können die kleinen Künstler durch die Art der Körperhaltung die Zuneigung und Verbundenheit der Katzen darstellen: Die Köpfe können sich zueinander wenden und berühren, die Schwänze können ineinander verschlungen sein. Auch andere Beziehungsdarstellungen sind möglich: Die Katzen laufen aufeinander zu oder sie tanzen den Katzentatzentanz auf dem Dach oder sie küssen und umarmen sich oder ... oder... . Ich verspreche Ihnen an dieser Stelle einen ganz spannenden Moment. Lassen Sie sich und die Kinder von der Fantasie der Beziehungsdarstellungen überraschen. Es können dabei ganz rührige Bilder entstehen, die toll in die Farbstimmung des Bildes passen und meist auch das Herz des außenstehenden Betrachters ansprechen.
6. Der weitere Hintergrund kann nach Fantasie und Vorstellungsreichtum der Schüler ausdifferenziert werden: Schornsteine, Fernsehantennen, Vogelpärchen im Himmel, ein zusätzliches kleines Mäusepärchen, Industrieschornsteinsilouetten etc.

**Zusätzliche Aufgaben für schnell arbeitende Schüler:**
1. Die „Schnellmaler" bekommen die „Tüftelaufgabe" eine plastische Katze zu basteln bzw. zu bauen. Das kann mittels einer Toilettenpapierrolle, einer „Hexenleiter" oder einer anderen Falttechnik geschehen. Hauptsache das kleine Tier steht ohne Hilfe auf seinen vier Pfoten.
2. Alternativ können die Kinder versuchen, sich mit ihrem besten Freund zu malen. Hier gilt wieder die Beziehung der Bildfiguren zueinander deutlich zu gestalten. Dieses Bild könnte ein Verschenkbild für den besten Freund werden, den man damit sicher freudig überrascht.

**Zusätzliche Lernziele:**
1. Einzelfigur bauen und verschiedene Bauverfahren ausprobieren
2. Besondere Beziehung zweier Einzelfiguren darstellen

**Ideenkiste für den fächerübergreifenden Unterricht: „Rund um Freundschaft/Liebe"**

**Sprache:**
1. Gedichtewerkstatt mit u. a.:
„Wann Freunde wichtig sind" von G. Bydlinski (aus: „sich mögen" von Hans Manz (aus: Allerlei Lesespaß, Klett Verlag)
„Theodor" von M. Kaléko (aus: Wie's auf dem Mond zugeht, Blanvalet Verlag)
„An-freunden und Ab-freunden" von M. Kreft (aus: Überall und neben dir, Beltz Verlag)
2. Freundschaftsbücher, Freundschaftsbriefe, Poesiealbensprüche schreiben
3. Cluster „Freund" entwickeln
4. „Warme Dusche": Sprech- und Schreibspiel
5. Personenbeschreibung „Mein Freund"

**Musik:**
1. „Gut, dass es dich gibt" von R. Krenzer / L. Edelkötter (aus: Du, ich geh einfach auf dich zu, Impulse- Musikverlag, Drensteinfurt)
2. „Ich gebe dir die Hände", „Ich hab, was ich zum Leben brauch" (aus: Ich gebe dir die Hände, Impulse-Musikverlag)
3. „Ein Freund ist ein wunderbarer Schatz" (aus: Der Frosch im roten Cabrio, Patmos-Verlag)
4. „Ich mag dich so" (aus: Singt u. spielt, Cornelsen Verlag, Berlin)
5. „Das Ellenbogenlied", von R. Krenzer / L. Edelkötter (aus: Du, ich geh einfach auf dich zu, Impulse-Musikverlag)
6. „Ich bin so gern bei dir" von R. Krenzer / L. Edelkötter (aus: Ich gebe dir die Hände, Impulse-Musikverlag)

**Fremdsprachlicher Unterricht:**
Höflich Kontakt aufnehmen in:
engl.: Hello, how are you?
frz.: Bonjour, ca va?
holl.: Hallo? Hee gaat het?
ital.: Ciao, vuoi giocare con me?

**Sachunterricht:**
1. Freundschaften schließen
2. Freunde finden und verlieren (u. a. Umgangsformen)
3. Gute Freunde - schlechte Freunde
4. Streiten und Versöhnen
5. Gefühle
6. Exkurs: Sexualerziehung

KAPITE
N

# „Die Piraten kommen"

**Passend zu den Sach - Sprach - Projektthemen: Sommer - Abenteuer, Fantasiegeschichten - Meer - Schiffe - Verkleiden, Karneval - Zu einer anderen Zeit**

**Zeit:** 3 - 4 Unterrichtsstunden
**Material:** Deckfarben, Zeichenblock DIN A3, Filzstifte, Schere, Klebstoff
**Lernziele:**
1. Bildzeichen „Schiff" flächenfüllend und gegliedert darstellen
2. Farbe Blau differenzieren und Wellenbewegungen darstellen
3. Farbtonabstufungen der Farbe Blau - Aquarelltechnik (Himmel)
4. Bildzeichen „Pirat" ausformen und unterschiedlich differenzieren (Filzstiftzeichnung)
5. Bildnerische Ordnungen herstellen:
a) Figuren einander zuordnen und in Beziehung stellen und dabei das Streuungs - Ballungs - Prinzip anwenden
b) „Vorne - Hinten" durch Überschneidung herausarbeiten
c) Figuren (Piraten) und Grund (Schiff) aufeinander beziehen

**Einstieg:** Auf dem Meer tut sich etwas. Augen zu und der Fantasie freien Lauf lassen! Am Horizont braut sich etwas zusammen. Ein Schiff kommt näher. Gefahr liegt in der Luft. Finstere Gestalten grinsen uns gefährlich an. Unsere Gedanken gehen auf Abenteuerreise ... . An dieser Stelle brauchen nicht Sie die Geschichte weiterzuerzählen. Hier hilft Ihnen die ( - meist bei solchen Themen - ) aufblühende Fantasie der Kinder weiter, gut vermischt mit allerlei erstaunlichen Fernseherfahrungen.

**Methodische Anleitungen / Bildaufbau:**

1. Völlig im Piratenrausch geht es dann an die Waffen: Wasser, Pinsel, Farbe und Papier. Zuerst muss ein Piratenschiff gebaut werden. Hier empfehle ich noch einmal die Reise zum „Inneren Auge". Mit geschlossenen Augen lassen die Kinder wieder ein Piratenschiff an sich vorbeisegeln. Oft fallen ihnen schon ohne weitere Anschauungshilfen viele wichtige Motivelemente ein. Alternativ oder zusätzlich kann man noch eine Abbildung oder ein Foto eines Segelschiffes präsentieren. (Tipp: Lassen Sie die Kinder im Vorfeld für die Anschauungsmaterialien sorgen. Mit Sicherheit haben ihre Schüler einen interessanten Fundus, sicher besser als man selbst ihn aufbieten kann. Wählen Sie eine geeignete Abbildung und kopieren Sie diese auf Folie für den OP oder im Klassensatz für die Hand der Kinder. Anbei biete ich Ihnen auch eine geeignete Kopiervorlage in dieser Mappe an.)
Wichtig ist, dass viele Einzelheiten des Schiffes benannt und möglichst auch erklärt werden.
Nun kann das Schiff auf Papier gebracht werden.

2. Der restliche Hintergrund wird mit blauer Farbe gestaltet:
Der Himmel wird angefeuchtet. Vorsicht! Mit dem Wasser nicht zu nah an das Schiff kommen. Auf das „Himmel" - Wasser wird mit etwas Zeitungspapier wenig blaue Farbe aus dem Deckfarbenkasten auf das Blatt getupft.
Das Meer wird Nass - in - Nass mit kräftig angerührter Farbe blau, grün, violett wellig (oder schäumend) aufgepinselt.

3. Die gefährlichen Piraten werden auf ein zweites Blatt einzeln mit Filzstift gemalt und ausgestaltet. Auch hier empfiehlt es sich die Vorstellungskraft der Kinder durch eine Vorbesprechung anzuregen und geeignete Gestaltungsmöglichkeiten benennen zu lassen. Kinder, die Probleme mit dem Größenverhältnis Schiff - Pirat haben, können sich das Zeichenpapier für die Figuren auf die entsprechende Größe zuschneiden.
(Tipp: Finstere Gesichter erzielt man u. a. durch entsprechende Augenbrauenstellungen - siehe unten.)

4. Die Piraten werden ausgeschnitten und auf dem Segelschiff arrangiert. Bei der Bildkomposition empfiehlt es sich die Piraten gruppenweise anzuordnen und nicht gleichmäßig über das Schiff zu verstreuen. So entsteht ein interessantes Beziehungsgeflecht der Figuren. Erst wenn die Anordnung der Männer stimmt, darf aufgeklebt werden.

5. Mit dem schwarzen Filzstift kann das Bild schließlich noch weiter ausdifferenziert werden.
Schiff und Mannschaft sind nun fertig und bereit als große Piratenflotte an die Klassenwand zu „segeln".

**Zusätzliche Aufgaben für schnell arbeitende Schüler:**

1. Lassen Sie mit unterschiedlichsten Restmaterialien und beliebigen Werkverfahren (Kleben, Plastizieren, Knoten, Flechten, (An-) Nähen ...) eine Piratenmaske gestalten.
2. Die Piraten sind nach einem heftigen Sturm auf einer Insel gelandet. Sie bauen aus Baumstämmen ein Floß. Auch bei dieser offenen Gestaltungsaufgabe gibt es überraschend viele Möglichkeiten, die es zu entdecken gilt. Z. B. können Holzstöckchen auf dem Schulhof gesammelt und aneinander gebunden werden. Wie konstruiert man einen Segelmast, der hält und wie befestigt man das Segel? Eine Aufgabe für Tüftler-Joe, den Schiffszimmermann ...!
3. Schließlich noch eine ganz „schnelle" Aufgabe: Papierpiratenschiffchen falten und beliebig ausbauen und anmalen lassen.

**Zusätzliche Lernziele:**

1. Piratenmaske mittels verschiedener Materialien und Werkverfahren gestalten
2. Floß bauen, u. a. unter Verwendung textiler Verbindungstechniken
3. Papierschiff falten und ausdifferenzieren

**Ideenkiste für den fächerübergreifenden Unterricht: „Rund ums Schiff/Schwimmen"**

**Sprache:**

1. „Oberweserdampfschifffahrtsgesellschaft" – „Supernomen" bilden
2. Wortfeld „Wasserbewegung" (z. B.: fließen, tropfen, ...)
3. Vorgangsbeschreibung zu einem Wasserexperiment
4. Piratengeschichten erzählen und aufschreiben
5. Klassenlektüre „Der Pirat im Schlafanzug" von Tino, (Edition Bücherbär im Arena Verlag, 1./2. Sj., 10,80 DM mit Handreichung bei Versandbuchhandlung an der ESTE, Postfach 1651, 21606 Buxtehude) oder „Williwitt und Fischermann" von Boy Lornsen (Arena Verlag, 1./2. Schuljahr, 7,90 DM ebd.) oder „Das feuerrote Segel" von Willi Fährmann (Arena Verlag, Würzburg, 3. Sj., 7,90 DM ebd.)

**Musik:**

1. Meditieren zu Wassergeräuschen / Ratespiele
2. „Winde wehn, Schiffe gehn" (Volksweise aus Finnland)
3. „Ein Mann, der sich Kolumbus nannt'" (u. a. in „Die Mundorgel", Mundorgel Verlag, Köln)
4. „Käpt'n Louie" von Volker Rosin (aus: Oldies für Kinder, Moon Records Verlag, Düsseldorf)
5. „Das bunte Tauchseeboot" nach „Yellow Submarine" von Volker Rosin (aus: Volkers lustiger Musikverein, Moon Records Verlag, Düsseldorf)

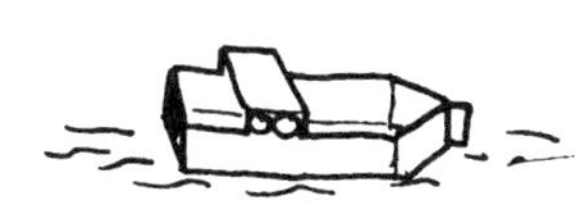

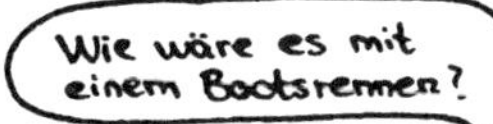

**Fremdsprachl. Unterricht:**

1. „What shall we do with a drunken sailor" (u. a. in: „Die Mundorgel", Mundorgel Verlag, Köln)
2. „My bonnie is over the ocean ..." (u. a. in: „Die Mundorgel")

**Sachunterricht:**

1. Verkehrsmittel auf Rädern, Schienen, zu Luft und zu Wasser
2. Vom Floß zum Luxusliner – Die Geschichte der Schifffahrt
3. Wasserstraße Rhein
4. Schwimmen und Sinken – Physikalische Experimente mit dem Wasser
5. Schiffe bauen (aus: Styropor, Holz, Milchtüten, Dosen, Korken, Nussschalen ...)
6. Verschiedene Antriebsmöglichkeiten

# „Baumhaus"

**Passend zu den Sach - Sprach - Projektthemen: Baum - Zuhause - Wohnen - Freizeit - Spielen**

**Zeit:** 5 - 6 Unterrichtsstunden
**Material:** Deckfarben, Zeichenblock DIN A3, Aststücke, Seidenpapier (ca. 1,5 DIN A2 Bögen pro Kind), Garn bzw. Kordel oder ähnliches, Filz oder Stoffreste, Klebstoff (z. B.: Flinke Flasche von UHU)
**Lernziele:**

1. Helligkeitsabstufungen der Farbe Blau mittels quantitativer Differenzierung der Wasserbeimischung herstellen
2. Differenzierung der Farbe Grün auf Seidenpapier (Baumkrone) und auf Zeitungspapier (Wiese)
3. Bildzeichen „Baumhaus" mittels einer Collage aus dünnen Aststückchen gestalten
4. Baumhausleiter aus textilem Material (Garn, Wolle, Kordel) knoten oder kleben
5. Bildzeichen „Kind" aus Tonpapier gestalten und dabei Bewegung darstellen
6. Passende Schnittmuster für die Bekleidung aus textilem Material schneiden und aufkleben
7. Bildelemente im Format anorden und einander zuordnen

**Einstieg:** „Lisa wohnt im Hochhaus, Peter wohnt im Reihenhaus, die Eskimos wohnen in Iglos, Indianer in Zelten, Maulwürfe in Erdhöhlen, kleine Vögel in Nestern ... und ich will auch einen besonderen Wohnort haben! Einen für mich ganz allein. Das wäre super!" Berti überlegt. Er überlegt und überlegt. Berti zerbricht sich fast den Kopf. Keine Idee will ihm kommen. Oder doch ...? Er hat's!
Aus dem Schuppen holt er all' die alten Bretter, die dort schon seit Jahren herumliegen und die keiner mehr braucht. In der Werkzeugkiste findet er Nägel, Seile, einen Hammer und ein paar andere Werkmittel. Los geht's! ... Nach Stunden betrachtet er voller Stolz sein Werk ... . Wer weiß, was Berti gebaut hat?

**Methodische Anleitungen / Bildaufbau:**
1. Wir beginnen die „Baumbude" bei strahlendem Sonnenschein und einem blauen Himmel. Dafür feuchten die Kinder das Zeichenpapier mit einem Küchentuch oder einem Schwamm an. Aus dem Farbkasten wird ein mittleres Blau angerührt und in waagerechten Bewegungen auf das Blatt gepinselt. Ist die Farbe aufgebraucht, verwenden die Schüler nur noch klares Wasser und ziehen die blaue Farbe soweit wie möglich zum unteren Bildrand. Wenn die Farbe ausgepinselt ist, wird der Rest des Hintergrundes mit Wasser ausgestrichen. Damit die Farbnuancen ohne allzu deutliche Farbübergänge zur Wirkung kommen, kann man noch ein-, zweimal mit dem feuchten Pinsel in waagerechten Linien über das Bild streichen.
2. Die Baumkrone kann auf verschiedene Weise gestaltet werden: Man kann entweder verschiedene Grüntöne anrühren und auftupfen, oder man stempelt mit einer Kartoffel und etwas Dispersionsfarbe die Blätter auf die Krone, oder man beklebt die Baumkrone mit grün gefärbtem Zeitungspapier. Eine weitere Möglichkeit ist folgende: Seidenpapier wird vorsichtig mit verschiedenen Grüntönen aus dem Deckfarbenkasten bestrichen. Grüntöne kann man nicht nur mit den Farben Gelb und Blau mischen. Die dadurch entstehende Farbpalette kann zusätzlich durch das Mischen der Farben Grün mit Gelb, Blau, Braun und Schwarz erweitert werden. Trocknen lassen.
Nun wird mit Wasser die Größe und die Form des Baumes auf dem trockenen Himmelhintergrund skizziert.
Der Baumstamm wird in verschiedenen Brauntönen gemalt. Für die Wiese kann man z. B. Zeitungspapier mit Grüntönen beidseitig färben und zu Fransenstreifen zurechtschneiden.
3. Die Baumgestaltung muss noch etwas warten! Es geht erst einmal mit Bertis Baumhaus weiter. Aus kleinen, dünnen Aststückchen oder Baststreifen werden die Budenbretter zurechtgeschnitten. Frei nach den Wünschen des jeweiligen Bauherrn kann eine einfache Hütte oder ein feudales Baumschloss entstehen. (Über die Tragfähigkeit der Äste müssen wir uns in diesem Fall ja keine Sorgen machen.)
Natürlich braucht Berti auch eine Leiter, die er im „Gefahrenfall" schnell hochziehen kann.
4. Die noch verbliebene, sichtbare Baumkrone kann nun mit Blättern zuwachsen. Das Seidenpapier wird in kleine Stücke gerissen und leicht (nicht zu klein) geknäuelt. Hat man einen kleinen Vorrat an Blättern hergestellt, wird ein Teilstück der Baumkrone mit (flüssigem) Klebstoff bestrichen und die Seidenpapierknäuel aufgelegt. Achtung! Das ist eine Geduldsarbeit. Aber an der Stelle können Sie die Kinder gerne daran erinnern, dass Kunstunterricht auch etwas mit Geduld, Ausdauer und Sorgfalt zu tun hat, die es gelegentlich zu üben gilt.

5. Fertig ist Bertis Domizil. Der neue Baum-Hausherr kann einziehen. Berti wird von hinten und in Bewegung dargestellt. Er selbst kann aus Wolle, Tonpapier oder Bast sein. Die Kleidung lässt sich leicht aus Filz gestalten, Stoffreste eignen sich aber genauso.

6. Was Berti und seine Baumhütte sonst noch brauchen, entscheidet jeder Künstler selbst. Vielleicht „nageln" Sie Kinder, die sich allzu schnell mit ihrem Bild zufrieden geben, darauf fest, mindestens fünf Bildelemente in die Komposition einzufügen.

Nun muss Mutter nur noch Saft und Kekse herausrücken und der Baum-Hausherr kann mit sich und der Welt glücklich sein.

**Zusätzliche Aufgaben für schnell arbeitende Schüler:**

1. Wie sieht denn die Baumhaushütte von innen aus? In einem Schuhkarton oder einer größeren Schachtel kann ein traumhaft ausgestattetes Heim entstehen. Alles, was den Kindern unter die Finger kommt, kann verbaut werden: Stroh, Holzstücke, Knete, Stoffreste, Glitzerkram etc.
2. Wie kann man aus einer dünnen Schnur ein reißfestes „Seil" machen? Mit schönen Garnen und interessant gefärbter Wolle können die Kinder tolle Kordeln drehen. Entweder nutzen sie diese als Freundschaftsbänder oder kleben damit kleine Fadenbilder, z. B. eine Schnecke, ein Blatt, den eigenen Namen etc.

**Zusätzliche Lernziele:**

1. Räume maßstabsangemessen ausgestalten und dabei funktionale und ästhetische Gesichtspunkte sowie Bedürfnisse berücksichtigen
2. Fäden (und textile Flächen) mit einfachen Hilfsmitteln herstellen und Arbeitsabläufe und Fingerfertigkeiten beim textilen Werkverfahren „Kordeldrehen" verbessern

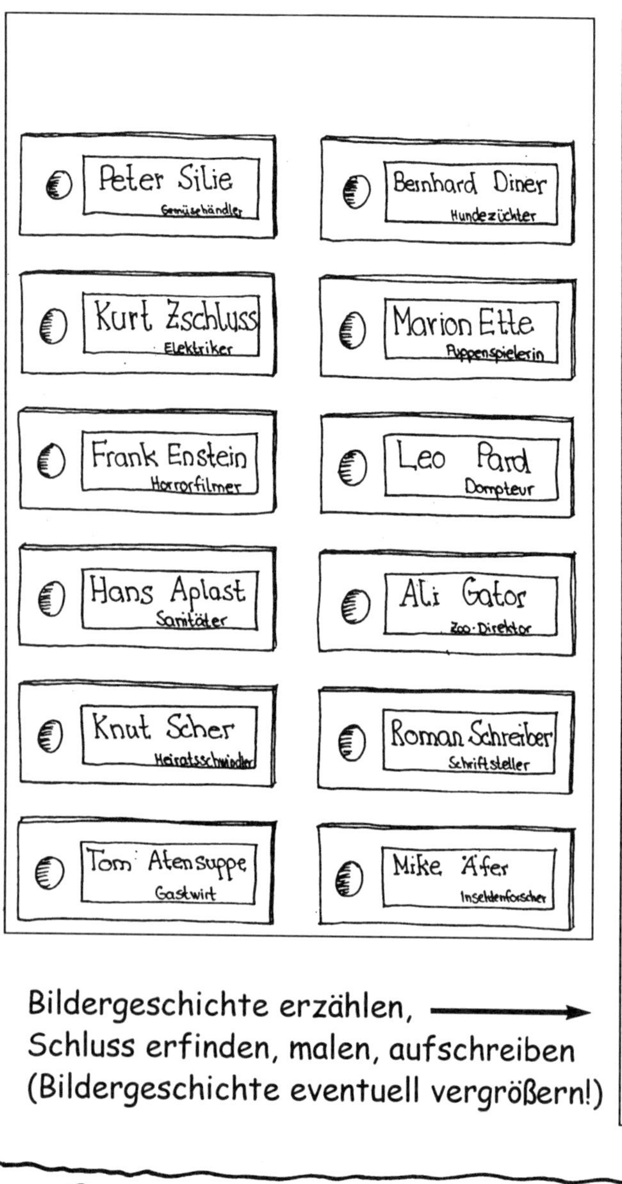


Bildergeschichte erzählen, →
Schluss erfinden, malen, aufschreiben
(Bildergeschichte eventuell vergrößern!)

## Ideenkiste für den fächerübergreifenden Unterricht: „Rund ums Wohnen und das Zuhause"

**Sprache:**
1. Gedicht „Hausspruch" von G. Ruck-Pauquèt (aus: Wunder Welt, Päd. Verlag, Schwann)
2. Wohngeschichten / Nachbargeschichten schreiben / Wegbeschreibungen
3. Beschreibung „ Ein Blick aus meinem Fenster"
4. Lustige Türschilder erfinden und gestalten (s. S. 38)
5. Adressbüchlein gestalten - Anschriften richtig aufschreiben
6. Rollenspiele (zum Familienleben, zur Aufgabenverteilung im Haushalt, zur Einigung über Freizeitaktivitäten, etc.)
7. Übungen mit Verben (Tätigkeiten im Haushalt)
8. Lagewörter (oben, hinter, ...)
9. Familienmitglieder beschreiben (Personenbeschreibung) und Bilderbuch mit Familiengeschichten gestalten
10. Klassenlektüre: „Tina im Schrank" v. T. Röhrig, (2. Sj.) Arena Vlg. oder „Katja Henkelpott" von H. Sakowski
11. Bildergeschichte „Das Baumhaus" (s. S. 38)

**Musik:**
1. Gedicht „Hausspruch" von G. Ruck-Pauquèt vertonen (siehe Quartett - Lieder heute, Klett, Stuttgart)
2. „Spielplatzlied" von K. Doldinger / R. O. Wiemer (aus: Kinderlieder unserer Zeit, Arena, Würzburg)
3. „Wer will fleißige Handwerker sehn?" - Volkstümlich
4. „Wir bauen ein Sperrmüllhaus" von F. Taormina / P. Lach (aus: Kinderlieder unserer Zeit, Arena, Würzburg)

**Sachunterricht:**
1. Wohngemeinschaft: Das ist meine Familie (Struktur, unterschiedliche Bedürfnisse und Pflichten)
2. Alle helfen im Haushalt
3. Technische Geräte im Haushalt (Früher - Heute)
4. Sicherheit im Haushalt (Küche, Badezimmer, Kinderzimmer, ... )
5. So lebt eine ausländische Familie
6. Menschen brauchen eine Wohnung
7. Viele Häuser in unserer Stadt (Hochhaus, Reihenhaus, Einfamilienhaus, Altbau, Fachwerkhaus, Bungalow, Hexenhaus, Baumhaus ... )
8. Unser Stadtteil (Straßen, Geschäfte, Berufe, besondere Verkehrsregelungen, Tankstelle, Baustellen ... )
9. Ein Haus wird gebaut (siehe dazu z. B. „Schlag nach 1/2", BSV, S. 28 f)
10. Wohnen auf dem Land und in der Stadt
11. Häuser und Wohnkultur in fernen Ländern
12. So wohnen die Tiere (Höhlen, Nester, Laub, Meer, ... )

**Fremdsprachlicher Unterricht:**
1. Sätze: „This is my home", „Chez moi", Hier ben ik thuis", „Casa mia"
2. Begriffe: room, living room, bedroom, bathroom, kitchen, toilet, garage, chair, sofa, table, radio, ... Haus: hus (dän.), huis (niederl.), house (engl.), dom (slow.), dum (tschech.), casa (ital.), casà (rum.), maison (frz.)
3. Lied „In and out and round the house", (aus: English for Today I, Lambert-Lensing Verlag)
4. Reim: „My room", (aus: Englisch H1, CVK, Berlin)

# „Die Windmühle mit den besonderen Flügeln"

**Passend zu den Sach - Sprach - Projektthemen: Herbst - Wind - Mühlen - Getreide, Brot - Symmetrie**

**Zeit:** 2 - 3 Unterrichtsstunden
**Material:** Deckfarben, Zeichenblock DIN A3, schwarzes Tonpapier, Schere, Klebstoff, schwarzer Filzstift (ideal: edding 400 oder Colli Marker 1 - 4 mm)
**Nach Wahl:** buntes Tonpapier bzw. Tonpapierreste, Schwamm
**Lernziele:**
1. Bildzeichen „Mühle" flächenfüllend und gegliedert darstellen
2. Farben abstufen und akzentuieren (Mühlenfarbe)
3. Farbe Blau trüben /aufhellen, Hintergrundgestaltung mittels Aquarell- und Collagetechnik
4. Scherenschnitttechnik (Windmühlenflügel) und Symmetrieerfahrungen anwenden

**Einstieg:** Dieses Bildthema verbinde ich gerne mit dem Unterrichtsprojekt zu unseren Niederrheinischen Windmühlen (Heimatkunde). Damit verbunden ist stets das Thema Getreide und Brotherstellung. Natürlich „schmettern" wir dann das Lied „Es klappert die Mühle am rauschenden Bach" in den Schulwind.
„Windlein, Windlein am Waldesrand, wer ist die Schönste im ganzen Land?" So könnte die Geschichte zu diesem Bild beginnen. Vielleicht lassen Sie einige ehrgeizige Müller einen Mühlenwettbewerb veranstalten.
Dieses Bild ist schon für die ganz kleinen Grundschüler geeignet. Es ist einfach und hat doch eine interessante Wirkung. Im Klassensatz an der Wand bietet es ein tolles Gesamtbild.

**Methodische Anleitungen / Bildaufbau:**

1. Die Kinder beginnen mit dem Himmelhintergrund. Das Blatt wird mit einem dicken Pinsel, einem Schwamm oder einem Knäuel Zeitungspapier angefeuchtet. Vorsichtig wird erst viel blaue Farbe, dann immer weniger aufgetupft oder aufgemalt und mit dem Wasser verwischt.
Trocknen lassen.
2. Mit kräftig angerührter, deckender (!) Farbe wird ein großes formatfüllendes Mühlengebäude auf das trockene Blatt gemalt. Die noch nasse Farbe wird auf der Schattenseite mit etwas (!) brauner Farbe vermischt und auf der Sonnenseite mit etwas Gelb oder Weiß aufgehellt. Die Untergrundfarbe muss dabei aber noch feucht sein, damit es keine „harten" Farbgrenzen gibt, sondern die Farben sanft ineinander fließen. Einen fließenden Farbübergang erreichen die Kinder auch, wenn sie die Farbfläche mit einem sauberen, nassen Pinsel überwischen. Dabei wischen sie von „oben nach unten" und von „hell nach dunkel". Sie werden staunen, welchen Effekt das hat.
Auch wenn das Schattieren nicht bei allen Kindern wie beabsichtigt klappt, erzielt doch jedes Kind durch die schillernden Farbabstufungen einen interessanten Farbeffekt und eine plastische Wirkung. Die Bilder wirken besonders, wenn man sie mit etwas Abstand betrachtet.
3. Die vier Windmühlenflügel bestehen aus je einem schwarzen Rechteck, das in der Mitte gefaltet wird. Von der Faltkante an werden geometrische Flächen aller Art gleichmäßig ausgeschnitten. Die Flügel bieten die Gelegenheit an einer einfachen Grundform mit der Scherenschnitttechnik zu experimentieren und allerlei Symmetrieerfahrungen zu machen.
Ein Teil des unteren Flügels wird schließlich so weggeschnitten, dass ein „Haltearm" entsteht.
Die fertigen Flügel werden mit einem Tropfen Klebstoff in der Mitte des Mühlendaches befestigt und können so noch etwas vom Papier abstehen. Das gibt der Windmühle einen zusätzlichen plastischen Effekt.
4. Aus grünem Tonpapier lässt sich nun eine hügelige Wiese schneiden und mit Tonpapiergras und -blumen ausgestalten.
5. Abschließend holt die Filzstiftumrandung noch eine zusätzliche Portion Farbwirkung aus dem Motiv heraus. Die Farbflächen setzen sich noch klarer vom Hintergrund ab und betonen die Mühle noch stärker. Der Mühlenwettbewerb kann beginnen. Natürlich gibt es nur Sieger. Der himmlische Richter schickt einen kräftigen Wind in das Land und alle Müller erfreuen sich an der Mühlenpracht.

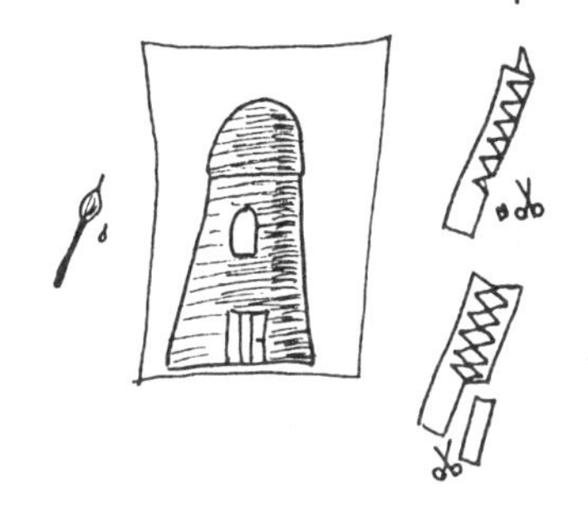

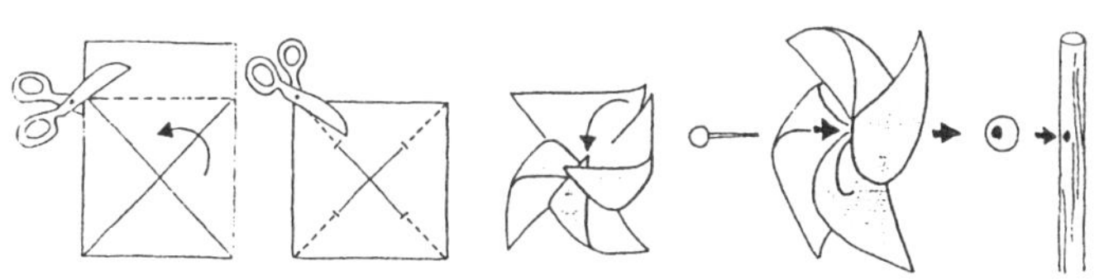

**Zusätzliche Aufgaben für schnell arbeitende Schüler:**

1. Was eignet sich hier mehr, als noch ein paar bewegliche Flügel zu basteln: Kleine Windräder bereiten den Kindern immer wieder Freude. Nach einer einfachen Bildervorgangsbeschreibung können die Schüler die Konstruktion selbst heraustüfteln und das Windrad bauen.
2. Möchte man die Symmetrieerfahrungen der Kinder noch ein wenig erweitern, bieten sich kleine symmetrische Klecksbilder an, die man lustig verändern, erweitern oder mit dem schwarzen Filzstift differenzieren kann. Auf diese Weise entstehen viele fantasievolle Tiere, Gespenster, Monster, Erdlinge ...

**Zusätzliche Lernziele:**

1. Ein Windspielzeug aus alltäglichen Materialien bauen und dabei Bauverfahren (Achsenverbindungen) kennen lernen und erproben
2. Fantasievolle, symmetrische Wesen mittels eines „Klecksdruckverfahrens" gestalten und ausdifferenzieren

**Ideenkiste für den fächerübergreifenden Unterricht: „Rund um den Wind"**

**Sprache:**

1. Bastelanleitungen (Vorgangsbeschreibungen), z. B. „Das Windrad"
2. Windgedichte:
„Rätsel vom Wind" von A. Schoke
„Der Wind stammt nicht von nebenan!" von J. Guggenmos
„Wind im Ort" von J. Guggenmos
3. Windgeschichten: „Ein Hut macht eine Reise", „Sonne und Wind streiten", ... erfinden und aufschreiben
4. Windwortfeld (blasen, pfeifen, heulen, rütteln, ...)
5. Wettervorhersagen erfinden und vorsprechen

**Sachunterricht:**

1. Wind ist bewegte Luft
2. Wie entsteht Wind
3. Windrichtung und Wettervorhersage
4. Windstärke (Windstille bis Orkan) und die Beaufort-Skala
5. Experimente mit Luft und Wind
6. Windkraft nutzen
7. Windspielzeuge basteln (Flugscheiben, Drachen, Wetterhahn, Papierflugzeuge, Wind- fahne / -hose / -rad, ...)
8. Experimente und Tricks rund um die Luft (z. B. Luftballon raketenantrieb, Warmluftschlange)

**Musik:**

1. „Das große, kecke Zeitungsblatt" - Eine Windreise von J. Guggenmos (aus: Die Nadel sagt zum Luftballon, Domino Verlag)
2. Windgeräusche mit Orff- und Körperinstrumenten sowie selbstgebauten Instrumenten nachgestalten
3. „Was singt der Wind" von J. Krüss - Klanggeschichte zum Gedicht gestalten
4. Spiel: „Windstärke"-Pantomime: Kinder bewegen sich zu „leichtem, mittlerem und starkem Wind"

**Fremdsprachlicher Unterricht:**

1. Lied: „Zo gaat de molen" („So geht die Mühle" - volkstümlich aus den Niederlanden (aus: Quartett-Lieder heute, Klett, Stuttgart)
2. Spruch: „Listen: Do jou hear the rain? Listen to the rain, listen, listen, listen: Plip - plup - plop - drip - drup - drop - Splosh. Do jou hear the wind? Listen to the wind, listen, listen, listen: who - whoo - whoosh - Puff!

# „Mitternacht im Geisterschloss“

**Passend zu den Sach - Sprach - Projekthemen: Geister, Gespenster, Hexen - Traum - Zeit, Tageszeit - Halloween - Burgen, Schlösser, Ritterzeit - Karneval**

**Zeit:** 3 - 4 Unterrichtsstunden
**Material:** Deckfarben, Zeichenblock DIN A3, Bleistift, schwarzer Filzstift (ideal: edding 400 o. ä.), Deckweiß
**Lernziele:**
1. Bildzeichen „Burg“ durch Umrisslinien und Binnenzeichnung ausformen und differenzieren
2. „Vorn und hinten“ durch Überschneidung herausarbeiten
3. Differenzierung der Farben Blau und Orange
4. Flächen durch Farbflecken gliedern und differenzieren
5. Figur und Grund durch einen Farbkontrast aufeinander beziehen
6. Signifikante Details durch Auswahl geeigneter Gestaltungsverfahren darstellen und in den Form- und Farbzusammenhang einbinden (z. B.: Papiercollage: Uhr, Gespenster)

**Einstieg:** Bei diesem Bild soll einmal nicht das Überschneidungsproblem durch eine Collagetechnik überbrückt, sondern gezielt als bildnerisches Problem thematisiert werden.
Ein toller ( - etwas ungewöhnlicher - ) Einstieg ist die Einspielung des fetzigen „Dracula - Rocks“ von F. Vahle (aus: DER FRIEDENSMALER), der es schafft, jede Klasse schnell in Geisterhausstimmung zu versetzen. Ein anderes „Unterrichtsbonbon“ wäre es, die Klasse abzudunkeln und eine Gespenstergeschichte zu erzählen ....
Natürlich findet dieses Bildthema auch in jedem „Geister, Hexen, Vampir“ - Projekt seinen Platz, in dem man u. a. auch „Das kleine Gespenst“ v. O. Preußler oder „Das Schulgespenst“ von P. Abraham lesen könnte.

**Methodische Anleitungen / Bildaufbau:**

1. Die Kinder beginnen den Bildaufbau mit dem Gespensterschloss. Anregungen dazu kann man in den Sachunterrichtsbüchern „Themenbereich: Ritter (-burgen)“ finden. Den Büchern können meist auch die genauen Fachbegriffe der Burgelemente entnommen werden. Auch bei dieser Darstellungsaufgabe ist es äußerst wichtig, die Kinder zur genauen Wahrnehmung zu „zwingen“. Das ist z. B. dadurch möglich, dass man die einzelnen Dinge benennen lässt. (Tipp: Machen Sie ein Spiel daraus: Lassen Sie die Kinder eine Minute lang eine Burgdarstellung still betrachten. Dann sollen sie einmal aus der Vorstellung - ohne weitere Anschauung - aufschreiben, was sie gesehen haben und noch wissen. Das geht schnell und ist gleichzeitig eine tolle Stille- und Konzentrationsübung.)
Nun kann das Zeichnen beginnen. Ausnahmsweise darf bei diesem Bild einmal mit dem Bleistift etwas vorgezeichnet werden (Lineal aber bitte in der Schultasche lassen!). Zuerst wird die Burg im Bildvordergrund (untere Bildhälfte) aufgebaut. Es entstehen Türme mit Zinnen, Mauern mit Wehrgängen und Schießscharten etc.
Hinter der ersten Gebäudereihe entsteht dann die zweite Burgreihe. Hier kann eine Linie nur solange weitergeführt werden, bis ein vorderes Gebäude die „Linienfahrt“ unterbricht oder beendet.
Wer noch Platz hat, kann noch eine dritte Gebäudereihe oder einzelne Türme ergänzen.
Beim Zeichnen ist es wichtig, dass die Kinder große Gebäudeteile malen, damit sie später beim Ausmalen keine Probleme bekommen.
2. Ist die Burgskizze zur Zufriedenheit gezeichnet und überarbeitet, werden zu kräftig geratene Bleistiftstriche mit dem Radiergummi abgeschwächt. Das Gespensterschloss kann nun ausgemalt werden. Mit kräftig angerührter gelber Farbe wird Burgelement für Burgelement erst ausgefüllt und dann von der rechten (oder linken) Seite mit roter Farbe schattiert. Dabei wird wenig Rot auf den Pinsel genommen und auf die Seitenkante der Farbfläche aufgetragen. Vorsichtig wird das Rot in das noch nasse Gelb gewischt. Dabei entsteht ein leuchtendes Orange und gleichzeitig eine interessante Burgschattierung. Das Schattieren selbst sollte dabei aber nicht zu wichtig genommen werden. Die Kinder sollen Spaß beim Ineinander mischen dieser leuchtenden Farben haben. Die Burg wirkt auf jeden Fall schon allein aufgrund der verschiedenen Orangetöne. Der Malerfolg ist also allen Kindern gewiss. Und das ist ja schließlich das Wichtigste. (Auch das abgedruckte Bild ist etwas anders als oben beschrieben gestaltet worden. Ich ermutige die Kinder immer ihren eigenen Vorstellungen Vorrang zu geben. Entscheidend ist, dass die Kinder sich sorgfältig mit dem Bildthema und -problem auseinandersetzen.)
3. Die Hintergrundfärbung dient einmal mehr dazu das Motiv hervorzuheben. Der Ittensche Farbkreis lässt leicht die Farbe Blau als Kontrastfarbe der Farbe Orange erkennen. So wird unser Geisterschloss also in einen herrlich dunkelblauen Nachthimmel getaucht, der noch einen kleinen Pfiff durch etwas Violett erhält. Trocknen lassen.
4. Schließlich werden Motiv und Hintergrund ausgestaltet:
- Mit Deckweiß kann man eine tolle Burguhr und

Fensterscheiben aufmalen.
- Aus weißem Zeichenpapier entstehen kleine Gespenster und ein heller Mond.
- Mit dem schwarzen Filzstift zeichnen die Kinder Fledermäuse in den Himmel, Spinnen, Schießscharten, Gespenstergesichter, Fensterrahmen etc. ... und natürlich die Konturen der Burg nach.

**Zusätzliche Aufgaben für schnell arbeitende Schüler:**
Schnelle Maler könnten sich aus einem Papiertaschentuch, Stoffresten oder einem dünnen weißen Papier ein Gespenst für zu Hause basteln! Man kann dabei auch den Umgang mit Nadel und Faden trainieren und ein Paar Knopfaugen annähen lassen. Wer weiß, vielleicht erwacht das kleine Gespenst ja um Mitternacht zu gespenstischem Leben ...!

**Zusätzliche Lernziele:**
1. Textile Materialien nach einfachen Schnittformen zuschneiden und plastische Objekte formen
2. Grunderfahrungen im Umgang mit Nadel und Faden gewinnen
3. Knoten zur Ausformung textiler Hüllen erproben

**Ideenkiste für den fächerübergreifenden Unterricht: „Rund um Gespenster"**

**Sprache:**
1. Gespenstergeschichten erfinden, erzählen, aufschreiben
2. „Das kleine Gespenst" von O. Preußler
3. Wortfeld „Geräusche" (klappern ...)
4. „Hundertzwei Gespensterchen", Gedicht von J. Krüss (aus: Der wohltemperierte Leierkasten, Mohn Verlag)
5. Gespenster-Schmaus – Eine besonders gespenstische Speisekarte erstellen
6. „Leise Geräusche", Gedicht von Knister / P. Maar (aus: Frühling, Spiele Herbst und Lieder, Ravensburg, z. B. in: Pusteblume LB, 2. Sj.,

**Musik:**
1. Geistergeräusche (Instrumente gestalten / bauen, Körperinstrumente, Orff-Instrumente)
2. Pantomimen und Schattenspiele
3. „Hundertzwei Gespensterchen", Lied zum Gedicht (Melodie: „Zehn kleine Negerlein")
4. „Gespensterlied" von Ch. Zeuch (aus: Spaß und Spiel mit dem Krokodil, Arena Verlag)
5. „Ich tanz heut' nacht im Schloss herum ..." von V. Rosin (aus: Das singende Känguruh, Moon Records Verlag, Düsseld.)
6. Viel Geistermusik bietet die MC „Dracula-Rock" (Patmos-Verlag, Düsseldorf): u. a. „Das Gespensterkind", „Sigismund, das Nachtgespenst" und vieles mehr!

**Fremdsprachl. Unterricht:**
„If you're happy ... / anxious, sad, angry, sleepy ...

**Spielen:**
„Seven up"
Sieben Geister schleichen durch die Klasse und streicheln Kinder (- die schlafen –). Wer errät „sein" Gespenst - und löst es ab?

**Sachunterricht:**
1. Davor habe ich Angst ...
2. Angst überwinden
3. Mutmachspiele
(Spiele und Übungen zum Mutmachen und Mitmachen: „Mut fassen – Mut wagen" von R. Portmann, Universum Verlagsanstalt, Wiesbaden)
Bücherkoffer mit 50 Kinderbüchern zum Thema „Mut" kann bei der „Stiftung Lesen" kostenlos ausgeliehen werden: Fischtorplatz 23, 55116 Mainz

Simone

# „Regenwetterausflug“

**Passend zu den Sach - Sprach - Projektthemen: Wetter - Regen - Sichere Kleidung - Wasser**

**Zeit:** 3 – 4 Unterrichtsstunden
**Material:** Deckfarben, Zeichenpapier DIN A3, Deckweiß
(siehe auch Tipp: „Ein Eis. Aber bitte mit Sahne !“)
**Lernziele:**

1. Kontrast zwischen getrübten, dunklen und reinen, leuchtenden Farben entdecken und erproben
2. Graudifferenzierung mit feinen Farbtonabstufungen und trübe Farbmischungen herstellen
3. Erfahren, dass Farben Empfindungen und Gefühle auslösen sowie Stimmungen beeinflussen können
4. Bewegung (Landschaft im Wind) darstellen
5. Mittels einer Faltscherenschnitttechnik (Leporello) eine Menschendarstellung gestalten
6. Schnittmuster für Wetterschutzbekleidung entwickeln und sich der funktionellen Aspekte dieser Kleidung bewusst werden
7. Leuchtende Farben mischen und gezielt als Kontrast zu den trüben Farben einsetzen
8. Kleidung (nach Wunsch) mit grafischen Mitteln mustern

**Einstieg:** „I´m singing in the rain ...“ oder ein anderes, fröhliches Regenlied wäre ein schwungvoller Einstieg zu unserem Regenspaziergang. Dass das trübe Wetter nicht nur schlechte Seiten hat, sondern auch (richtig angezogen) viel Spaß bereiten kann, wissen die Kinder eher als manch ein Erwachsener. Gut sichtbare und wasserabweisende Kleidung steht dabei nicht nur bei der vorliegenden Bildaufgabe im Mittelpunkt.

**Methodische Anleitungen / Bildaufbau:**

1. Grau in Grau erscheinen uns die Regen- und Unwettertage. Oft gewittert und windet es stark. Trübes Wetter löst bei vielen Menschen auch eine trübe Stimmung aus. (Ein strahlender Sonnentag heitert dagegen oft auf.)
Der graue Himmel wird mit den Farben Schwarz und Weiß gemischt. Die Farbanteile verändern sich dabei zugunsten des Deckweißes. Die Kinder werden feststellen, dass man die schwarze Farbe sehr vorsichtig dosieren muss, wenn man ein schönes Hellgrau mischen möchte. In der Regel muss man insgesamt nur einmal mit dem Pinsel in den schwarzen Farbtopf. Die Pinselführung ist stets sehr wichtig. Eine Möglichkeit beim Farbauftrag dieses Hintergrundes besteht darin, die Farbe in kleinen Bögelchen „aufzustricheln“.
2. Grauer Himmel allein reicht heute nicht. Wir wollen auch den Wind über das Blatt fegen lassen. Wie geht das? Fühlen und hören kann man den Wind auf Kunstwerken nicht. Aber man kann sehen, was er „anrichtet“ bzw. in der Landschaft verändert. Die Bäume biegen sich in eine Richtung, Blätter und vieles andere fliegt durch die Luft, Rauch verweht ... .
Da die veränderten Lichtverhältnisse an Regentagen auch alle Landschaftsfarben getrübt erscheinen lassen, werden alle verwendeten Farben mit Braungrau abgemischt. Das erzeugt eine interessante Farbstimmung auf dem Bild. Diese sollten Sie mit den Kindern gezielt wahrnehmen und nachempfinden.
3. Nun ziehen sich die Kinder warm und wasserdicht an und trotzen der trüben Stimmung mit fröhlich leuchtenden Farben, die sie vor allem im Verkehr gut sichtbar machen.
Während der Hintergrund trocknet, wird ein zweites Blatt mit leuchtenden Farben gefärbt. Sehr wirkungsvoll wird die Bekleidung, wenn die Farben ineinander laufen und dadurch neue Farbtöne entstehen. Leuchtende Farben kann man unter anderem gut mit Gelb mischen.
4. Die „Regenkinder“ entstehen mit einem einfachen Falt- und Schnitttrick, der viele vielleicht an die Papierweihnachtssterne erinnert. Das Papier wird zur Ziehharmonika gefalten und ein halbes Kind aufgezeichnet. Dieses muss beide Seitenlinien berühren, sonst hält das Leporello nicht zusammen.
5. Wenn die leuchtenden Farben getrocknet sind, wird das Papier zu allerlei Regenbekleidung und natürlich auch zu witzigen Regenschirmen zugeschnitten. Mit einem feinen schwarzen Filzstift können die Kleidungsstücke noch gemustert und individuell gestaltet werden. (Das nimmt der Regenkleidung allerdings etwas „Leuchtkraft“.)

**Zusätzliche Aufgaben für schnell arbeitende Schüler:**
1. Die Herstellung von Leporellos ist eine aufregende und spannende Aktivität, die einiges über Symmetrie erfahren lässt. Mit der oben geübten Technik lassen sich nun weitere witzige Fensterdekorationen für das Kinderzimmerfenster probieren: Z. B. eine Reihe von Autos, eine Häuserreihe, Bäume, Igel, Hasen und andere symmetrische Figuren (siehe Abbildung unten).
2. Sehr aufschlussreich hinsichtlich der Wirkung von Farben wäre es, wenn einige Schüler ihre Hintergrundlandschaft einmal bei strahlendem Sonnenwetter malen würden. Alle Farben leuchten nun (Farbe-an-sich-Kontrast) und vermitteln eine freundliche, heitere Stimmung.

**Zusätzliche Lernziele:**
1. Symmetrische Grundfiguren entwickeln und mittels eines Faltscherenschnittes ein Leporello schneiden und gestalten
2. Erfahren, dass trübe und ungetrübte Farben unterschiedliche Gefühle und Stimmungen auslösen

**Ideenkiste für den fächerübergreifenden Unterricht: „Rund um das Regenwetter / Wetter"**

**Sprache:**
1. Klassenkartei anlegen „Regenspiele – Spiele für drinnen"
2. „Gewitter- (Angst-) Geschichten aufschreiben
3. Gedichte von J. Guggenmos: „Das Gewitter", „Sommerregen", „Auf dem Rücken im Gras"
– siehe Anlage –
4. Sachposter zu Wetterthemen gestalten (mit Bildern und Informationstexten)
5. Klassenliteratur: „Fontani und der Regenzauber" von A. Röckener, Benziger Edition
oder „Das Biest, das im Regen kam" von A. Sommer - Bodenburg, rororo (3. Schuljahr, mit Handreichung)

**Fremdsprachlicher Unterricht:**
1. Begriffe: sun, rain, wind ...
2. Was ziehen wir an Regentagen an: „cap, boots or shoes, coat..."
3. Reim: „Rain, rain, go away, come again another day, all the children want to play"
4. Sätze: „Rain is on the grass, rain is on the house, rain is upon me ..."

**Sachunterricht:**
1. Rund ums Wetter (Temperatur, Wind, Niederschlag, ...)
2. Wie entsteht Regen (Wasserkreislauf)
3. Niederschlagsformen (Regen, Schnee, Hagel, Nebel, Graupel, Tau, Reif)
4. Niederschlag messen – Niederschlagsprotokoll
5. Vom Tannenzapfen zum Hygrometer - Regenmelder bauen
6. Sicheres Verhalten bei Gewitter

**Musik:**
1. Regenklanggeschichte erfinden und mit Körperinstrumenten gestalten
2. Regentropfen-Jogurtbecher oder Reis-Schüttelboxen als Klanginstrumente bauen
3. Unwettergeräusche selber machen
4. Gewittermusik hören: Beethovens 6. Sinfonie und „Riders on the storm" von der Rockgruppe Doors (z. B. in: Singt und spielt, Cornelsen, Berlin)
5. „Wenn es draußen regnet" von V. Rosin (aus: Itzibitz, die Liedermaus, Don Bosco, München)
6. „Tante Trude Trippelstein" - z. B. als rhythmischer Sprechgesang
7. „Regentropfen hüpfen" von V. Rosin (aus: Das singende Känguruh, Moon Records, Düsseldorf)
8. „Regenlied" von R. Künzler-Behncke (aus: spielen und lernen" - Liederbuch 1993, Velber, Seelze)
9. „Regenlied" von U. und B. Meyerholz (aus: Kolibri 3/4, Schroedel, Hannover)
10. „Regen fällt vom Himmel" von S. Kirsch / W. Gundlach (aus: Quartett - Lieder heute, Klett, Stuttgart)
11. „Horch, der Regen fällt" von D. Zimmerschied (aus: Quartett - Lieder heute, Klett, Stuttgart)
12. „Knöpfchenregen" von C. Zeuch (aus: Spaß und Spiel mit dem Krokodil, Arena, Würzburg)

## Sommerregen

Ich sah den Regen kommen
von weither über das Land.
Mit eiligen Schritten nahte
die schwärzliche Regenwand.

Die Blätter der Büsche und Bäume
starrten grau von Staub.
Schwer klopften die ersten Tropfen
nieder auf das Laub.

Dann strömte der Regen nieder,
wusch alle Blätter blitzblank
und rauschte zur durstigen Erde,
die gierig den Segen trank.

Der Regen ist weitergezogen.
Auf seinen Rücken schreibt
die Sonne einen Regenbogen
in glühender Herrlichkeit.

(aus: Josef Guggenmos: Die Tiere machen Karneval)

## Auf dem Rücken im Gras

Ich liege und schau
auf das Land Blau
mir genau gegenüber.

Ein schneeweißes Pferd
zieht über mir
lautlos vorüber.

Wolkenpferd, Wolkenbär
sehe ich wandern,
Wolkenschaf, Wolkenwal,
eins hinterm andern.

Nun aber naht sogar
ein Wolkenrübezahl.

(aus: Josef Guggenmos: Die Tiere machen Karneval)

## Das Gewitter

Hinter dem Schloßberg kroch es herauf.
Wolken – Wolken!
Wie graue Mäuse,
ein ganzes Gewusel.
Zuhauf
jagten die Wolken gegen die Stadt.
Und wurden groß
und glichen Riesen
und Elefanten
und dicken, finsteren Ungeheuern,
wie sie noch niemand gesehen hat.
„Gleich geht es los!"
sagten im Kaufhaus Dronten
drei Tanten
und rannten heim,
so schnell sie konnten.
Da fuhr ein Blitz
mit hellichtem Schein,
zickzack,
blitzschnell
in einen Alleebaum hinein.
Und ein Donner schmetterte hinterdrein,
als würden dreißig Drachen
auf Kommando lachen,
um die Welt zu erschrecken.
Alle Katzen in der Stadt
verkrochen sich
in die allerhintersten Stubenecken.
Doch jetzt ging ein Platzregen nieder!
Die Stadt war überall
nur noch ein einziger Wasserfall.
Wildbäche waren die Gassen.

Plötzlich war alles vorüber,
die Sonne kam wieder
und blickte vergnügt
auf die Dächer, die nassen.

(aus: Josef Guggenmos: Hinter dem Krossberg, „Ich will dir was verraten", Beltz & Gelberg-Verlag, Wien, 1992)

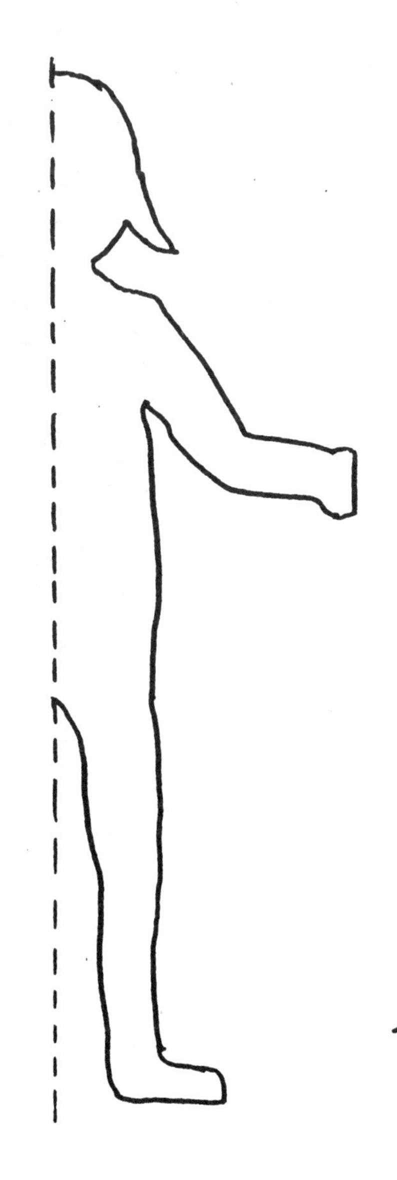

# „Waldpost - Ein Specht telefoniert"

**Passend zu den Sach - Sprach - Projektthemen: Wald - Vögel - Bäume - Natur - Herbst - Kommunikation, Post, Telefon, Morsen (i. w. S.)**

**Zeit:** 2 - 3 Unterrichtsstunden
**Material:** Deckfarben, Zeichenblock DIN A3, schwarzer Filzstift
**Lernziele:**
1. Bildzeichen „Vogel" durch Umrisslinien und Binnenzeichnung ausformen und differenzieren
2. Differenzierungen einer Farbe nach Wahl
3. Kontrastfarbe zum Motiv (Vogel) ermitteln und mit ihr Grund und Figur aufeinander beziehen
4. Fläche (Baumstamm) durch Farbflecken und lineare Wellenmuster gliedern und differenzieren
5. Sauberes und ausdauerndes Zeichnen üben
6. Farben als Auslöser unterschiedlicher Empfindungen und Stimmungen erfahren

**Einstieg:** Innerhalb des Projektthemas Kommunikation gibt es viele mögliche Aspekte: Zeichensprache, Rauchzeichen, Bildzeichen, aber auch nonverbale, akustische Zeichen wie das Morsealphabet. In diesem Sinne lässt sich in einer Einführungsgeschichte der Specht Spelli ein „Buschtelefon" für sich und seine Freunde einfallen. Damit wird er schließlich zum Oberpostmeister des Tierwaldes erklärt ...
Eine andere Themenverknüpfung bietet sich zwangsläufig bei dem Sachthema „Der Wald - Unsere Bäume" an. Viele Kollegen lassen in diesem Zusammenhang Baumrinden untersuchen. Hier eignet sich dieses Bildthema besonders.

**Methodische Anleitungen / Bildaufbau:**

1. Die Kinder beginnen mit der Vogeldarstellung. Ideal mit dem Sachunterricht verbunden, bietet sich hier eine eingehende Betrachtung unserer heimischen Vögel an. Gemeinsamkeiten werden hervorgehoben, Unterschiede herausgefunden. Besonders der Waldspecht ist aufgrund seiner typischen Verhaltensmerkmale für Kinder reizvoll. Eine eingehende „Augenschule", bei der genau betrachtet und Beobachtungen ausgesprochen werden müssen, sind die ideale und richtige Vorbereitung auf das darstellende Malen.
Bei der Vogeldarstellung bietet sich wieder das Vorzeichnen mit dem sauberen, nassen Pinsel an. Die Vogelproportionen gelingen nun mal nicht beim ersten Strich. Kopf und Körper müssen in einem angemessenen Größenverhältnis stehen. Der gesamte Specht darf wiederum nicht zu klein werden und sollte das Bildformat größtenteils füllen. Erfahrungsgemäß fällt den Kindern aber eine Vogelskizze nicht so schwer, wie man vielleicht befürchten mag. Trotzdem sollte man die Kinder von ihrer Erwartungshaltung darauf einstimmen, dass das Vogelzeichnen eine Experimentier- und Probierarbeit ist, die sich erst von Ansatz zu Ansatz entwickelt (wie bei den erwachsenen, „großen" Malern auch).
2. Da der Specht Spelli und seine „Postkollegen" der Fantasiewelt entstammen, dürfen sie auch ein beliebig farbenes Federkleid haben. Die kleinen Künstler können ihre Lieblingsfarbe wählen und diese mit den entsprechenden Nachbarfarben des Farbkreises mischen. So entsteht ein prächtig schillerndes Federkleid, auf das Spelli und seine Freunde zu Recht stolz sein können.
3. An dieser Stelle - oder alternativ zu Beginn des Bildaufbaues - bekommt unser Vogel seinen Baumstamm. Dieser nimmt die restliche senkrechte Bildhälfte in Anspruch. Die Kinder tragen unterschiedliche Brauntöne auf. Braun lässt sich bestens mit allen anderen Farben des Wasserfarbkastens mischen. Man erhält eine sehr große Palette von Brauntönen und sollte diese auch nach bestem Vermögen ausreizen.
4. Schließlich legen die Kinder noch den Hintergrund an. Hier ist wieder ein Blick auf den Ittenschen Farbkreis nötig (s. Vorwort). Gesucht ist die Kontrastfarbe zur zuvor gewählten Lieblingsfarbe. Diese hebt den Vogel besonders gut hervor und wird mit viel Wasser vermischt als dünne, zarte Farbe auf die Hintergrundfläche aufgetragen. So erhalten violettfarbene Vögel einen gelben Hintergrund, blaue Vögel einen orangen, rote Vögel einen grünen, gelbe Vögel einen violetten, orange Vögel einen blauen und grüne Vögel einen roten Hintergrund. Was für eine Farbenpracht!
5. Der letzte Gestaltungsschritt erfolgt mit dem Filzstift. Hier üben sich die Kinder im sauberen, ausdauernden Zeichnen. Das ist ein wichtiges Lernziel im Bereich Grafik.
Die Baummaserung beginnt mit dem Einsetzen einiger Astlöcher. Von der Baummitte zu den beiden Außenseiten des Baumes hin wird nun sorgfältig Linie für Linie um die Astlöcher gezogen. Um die Löcher herum ballen (verengen) sich die Linien.
Auch der Specht wird mit dem Filzstift umrandet und binnendifferenziert. Hier lässt sich auch die Kopfbewegung bestens mit ein paar Linien zum Ausdruck bringen.
Hängen Specht Spelli und seine Kollegen erst einmal an der Klassenwand, macht es Ihnen vielleicht auch

Freude zusammen mit den Kindern eine Geräuschegeschichte zu erfinden. Lassen Sie Spelli und die anderen Spechte miteinander telefonieren (Morsen, Sprechen, Waldgeräusche, Geräusche anderer Tiere etc.). Das kann sehr lustig werden!

**Zusätzliche Aufgaben für schnell arbeitende Schüler:**
1. Zu diesem Thema bieten sich endlos viele kleinere und größere Zusatzaufgaben an. Schnell gemacht ist zum Beispiel ein Jogurtbecher-Telefon, für das man eine lange Schnur zwischen zwei Becher knotet. Man könnte dem Telefon noch durch eine farbige Gestaltung eine persönliche Note geben.
2. Aus einem Schuhkarton basteln die Kinder einen Briefkasten für das Kinderzimmer oder für die Klasse. Dieser kann hübsch bemalt und beklebt werden.
3. Eine etwas ruhigere Zusatzaufgabe wäre das Gestalten eines schönen Briefpapiers. Viele Techniken sind möglich: Buntstift- oder Filstiftzeichnungen, Collagen aus Tonpapier oder Schablonenspritzdrucke. Lassen Sie die Kinder über geeignete Verfahrensweisen knobeln und ohne genaue Arbeitsanweisungen experimentieren.
4. Natürlich könnte man auch den kleinen Specht und seine Kollegen aus Tonpapier basteln. An der Klassentür würde eine große Gemeinschaftsarbeit mit vielen bunten, unterschiedlichen Vögeln an einem Baum die Gäste lebhaft begrüßen.

**Zusätzliche Lernziele:**
1. Gebrauchsgegenstand / Spielzeug aus alltäglichen Materialien bauen und auf seine Eignung hin untersuchen
2. Einen funktionstüchtigen Briefkasten bauen und die vorgegebene äußere Gestaltung des unbehandelten Kartons durch verschiedene Materialien verändern und neu gestalten
3. Verschiedene Musterungsmöglichkeiten, Zeichnungen oder Drucke für einen Briefpapierbogen erproben
4. Fantasievolle Vögel durch Papiercollage oder Falttechniken gestalten, Figurengruppen auf einer Fläche verteilen und sie einander zuordnen

**Ideenkiste für den fächerübergreifenden Unterricht: „Rund um die Post"**

**Sprache:**
1. „Wir schreiben einen Brief"
2. Telefonliste schreiben (ABC - Übung)
3. „Der Elefant und das Telefon" - Ein Buch von Eugen Oker (siehe dazu Grundschulmagazin 5 / 1997)
4. Klassenlektüre „Post für den Tiger" - Janosch
5. Briefpartner gesucht
6. Rollenspiel: telefonieren / Kauf von Postwertzeichen etc.
7. Vorgangsbeschreibung „Ich telefoniere"
8. ABC - Übungen mit dem Telefonbuch

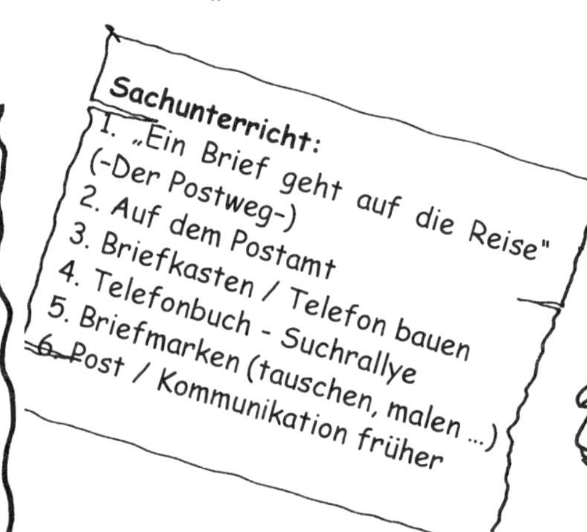

**Fremdsprachlicher Unterricht:**
1. Lied „The postman" (s. Anlage)
2. Begriffe: post-office, letter, stamp, to write, to stick, post-box, postcard, postman, to send, love letter, christmascard, birthday card, ...

**Musik:**
1. „Trara, die Post ist da..." (aus: Quartett 3/4, Klett Verlag, Stuttgart)
2. „Ich bring´ die Post..." D. Jöcker (aus: „Ich bin der kleine Zappelmann", Menschenkinder Verlag, Münster)

Materialien von Post und Schule
Postamt V
Am Hauptbahnhof 16 - 18
66111 Saarbrücken
Tel: 0681 / 4105 - 638

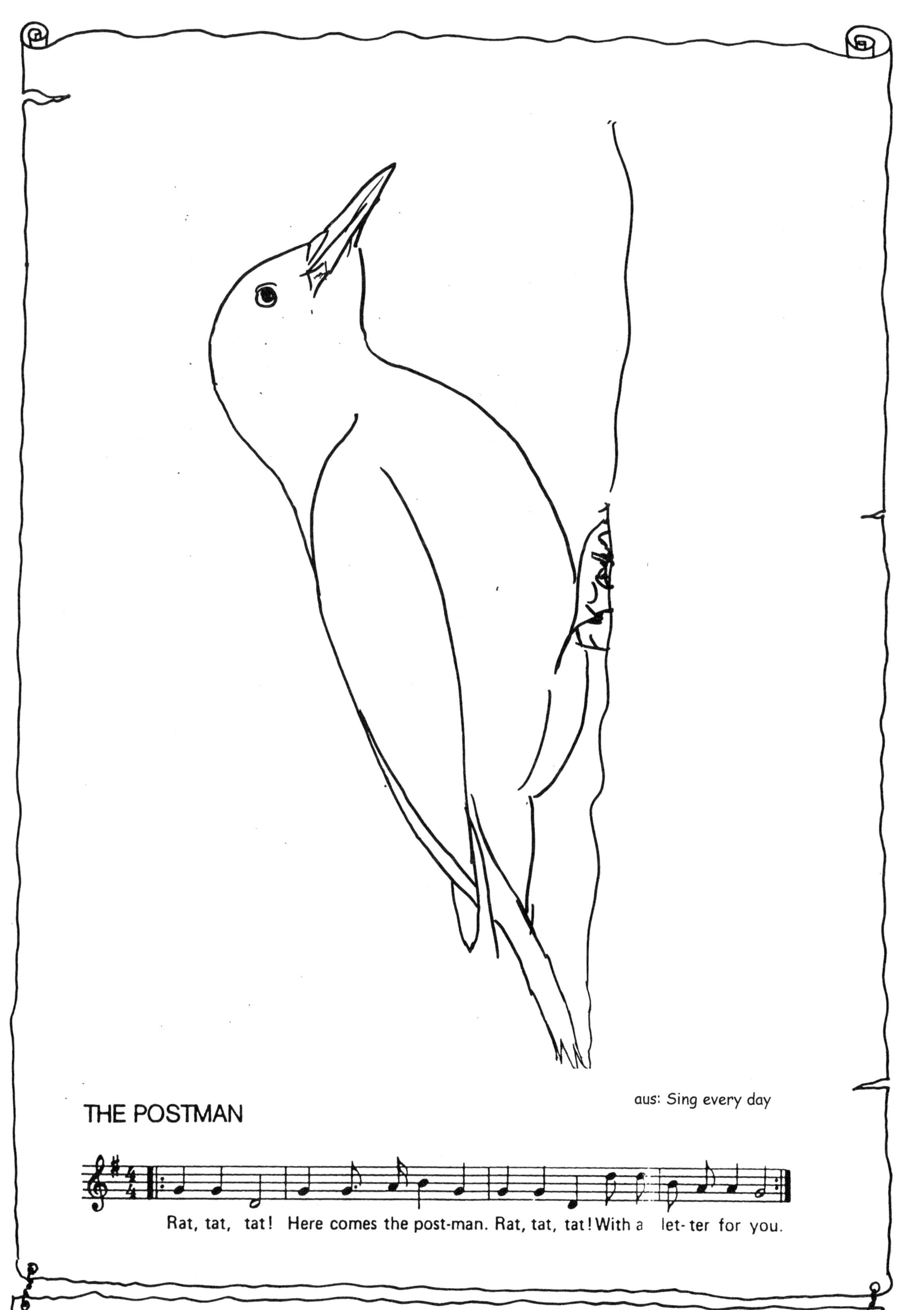
THE POSTMAN
aus: Sing every day
Rat, tat, tat! Here comes the post-man. Rat, tat, tat! With a let- ter for you.

# „Hallo Herbst"

**Passend zu den Sach - Sprach - Projektthemen: Herbst - Landwirtschaft - Obst, Gemüse im Herbst - Erntedank - Kleidung**

**Zeit:** 6 – 7 Unterrichtsstunden
**Material:** Zeichenblock DIN A3, Deckfarben, Stoffreste, Stroh oder Bast
**Nach Wahl:** Kleine Stöckchen, Blätter, Gräser, Korn, Knetgummi oder Efa-Plast (z. B. von Labbé), alte Zeitungen etc.
**Lernziele:**
1. Herbstfarben herausfinden und mischen
2. Erfahren, dass Farben Gefühle und Stimmungen auslösen können
3. Herbstfelder malen und damit eine Hintergrundfläche durch Farbflächen gliedern
4. Eine Strohpuppe aus textilem Material formen und ihre Teile mittels textiler Techniken verbinden und abbinden
5. Aus Stoffresten einfache Schnittformen zuschneiden und zu textilen Hüllen formen (Vogelscheuchenbekleidung)
6. Typische Herbstelemente in der Natur finden, Gesammeltes aufkleben oder mittels einer geeigneten Gestaltungstechnik (z. B. Knetgummi - Kürbisse) herstellen
7. Bildelemente auf dem Bildformat anordnen und einander zuordnen

**Einstieg:** „Volker, die Vogelscheuche freut sich. Endlich ist Herbst. Das ist seine liebste Jahreszeit. Die ganze Welt erscheint in warmen Farben: Die Blätter hängen zum Beispiel goldgelb, rostrot und mittelbraun an den Bäumen. Die Äpfel werden reif und leuchten mit orangeroten Bäckchen. Die Bauern ernten die letzten leuchtenden Felder ab ... ."
An dieser Stelle können die Kinder leicht weitererzählen. Machen Sie doch mit den Kindern einen kurzen Spaziergang, einen „Guckspaziergang für das Kunstauge". Das wäre ein wirkungs- und eindrucksvoller Start in dieses Bildthema.

**Methodische Anleitungen / Bildaufbau:**
1. Wie so oft beginnen die Kinder auch bei diesem Bildthema mit dem Hintergrund. Hier ist eine genaue Betrachtung und Feststellung der Herbstfarben notwendig. Da man diese Aufgabe naheliegenderweise im Herbst wählt, hat man sein Betrachtungsobjekt direkt vor der Nase. Man kann die Natur auch auszugsweise in das Klassenzimmer holen. Hierfür bringen die Kinder interessant gefärbte Blätter, Korn, Gräser und Herbstfrüchte mit (Aufgabe am Vortag). Das mitgebrachte Material fließt teilweise auch in das Bild mit ein, so dass die Materialien nach der „Sehschule" nicht weggeworfen werden müssen. Das wäre ja auch zu schade.
Die Kinder malen nun Farbenflächen in Herbsttönen auf ein DIN A3-Blatt. Alternativ kann man auch Zeitungspapier mit „Herbstfarben" bestreichen und das getrocknete Papier in wellige Streifen schneiden oder reißen. Diese werden von oben nach unten schichtweise aufgeklebt. Durch die noch durchschimmernde Druckerfarbe erhält man einen strukturierteren Hintergrund, der durch die Collagetechnik noch interessanter wird. Nach Wunsch kann über den Herbstfeldern ein blassblauer Himmel strahlen.
2. Nun ist Volker, die Vogelscheuche, an der Reihe. An dieser Stelle erfüllen Sie auch einen Teil Ihres Textilgestaltungs-Programmes. Durch Knoten und Binden (zwei textilen Verbindungstechniken) entsteht Volkers Körper. Wenn Sie weicheres Material als Bast verwenden (z. B. gelbe Wolle), können Sie auch einen kleinen Exkurs ins „Flechten" starten und Volkers Arme, Körper und Beine flechten lassen (siehe Zusatzaufgabe). Auf jeden Fall gilt: Umso freier Sie die Kinder forschen und entdecken lassen, wie aus dem vorhandenen, vorgegebenen Material eine Vogelscheuche werden kann, desto kreativer und gewinnbringender ist die Gestaltungsstunde für die Kinder. Auch die „urigste" Vogelscheuche wirkt auf unserem Bild eindrucksvoll, originell und auf jeden Fall echt und lebendig.
3. Textilgestaltung Teil 2: Nun müssen aus Stoffresten Schnittmuster und textile Hüllen entstehen. Auch an dieser Stelle empfehle ich die Kinder frei experimentieren zu lassen. Echte Vogelscheuchen haben im übrigen auch keine passgenauen Modellroben an.
4. Zum Schluss wird der Hintergund und das Motiv „Volker" nach Herzenslust herbstlich ausgestaltet. Zum einen werden die mitgebrachten und geeigneten Blätter, Gräser ... angeordnet. Zum anderen können aus Tonpapier und aus anderen Materialien (z. B. Modelliermasse) Herbstfrüchte und typisch herbstliche Motive gestaltet und in die Bildkomposition integriert werden.
„Fröhliche Herbsttage, lieber Volker !"

**Zusätzliche Aufgaben für schnell arbeitende Schüler:**

1. Da wir einmal die textilen Materialien und Werkzeuge aus dem Schrank geholt haben, bietet es sich an, in der Differenzierungsaufgabe auch mit diesen weiterzuarbeiten. Egal, ob die Kinder in der obigen Gestaltungsaufgabe „Volker" geflochten haben oder nicht, ist das Flechten als Technik noch lange nicht ausgereizt. Jetzt könnte einmal ein Pirat, eine Prinzessin, ein Monster oder eine Knuddelfigur gestaltet werden. Dabei werden nun neue Farbmischungen und Garndicken ausprobiert. Oft enden solche Themen in schulischen oder häuslichen Massenpuppenproduktionen.
2. Je nach Wunsch und Zeit können die Puppen eine entsprechende Kleidung aus Stoffresten erhalten. Ferner können wichtige Accessoires angenäht, angestickt, angeknotet oder auch angeklebt werden.
3. Schließlich wäre eine einfache Kürbistischleuchte (als Vorbote St. Martins und der „Lichterzeit") eine reizvolle Zusatzaufgabe. Hier muss man nicht unbedingt Schablonen vorgeben. Wichtig ist nur das Verständnis des Leuchtkörperprinzips (auch darauf kann man die Kinder selber kommen lassen): ein nach oben offener Hohlkörper. Z. B. können zwei gleich große „Kürbisgesichter" zugeschnitten und durch einen langen, breiten Streifen miteinander verbunden werden. Auf dem Boden des Streifens plaziert man das Teelicht.

**Zusätzliche Lernziele:**

1. Ausprobieren textiler Grundtechniken (Flechten, Knoten, eventuell Kordeldrehen) und Herstellen einer textilen Fläche unter Verwendung unterschiedlichen Fadenmaterials
2. Verbinden textiler Flächen zu Hüllen mittels einfacher Stickstiche
3. Basteln von Tischleuchen aus Tonpapier

## Ideenkiste für den fächerübergreifenden Unterricht: „Rund um den Herbst"

**Sprache:**

1. Herbst-ABC aufschreiben
2. Herbstbücher (Tiere im Herbst, Spiele im Herbst) schreiben
3. Baum - Leporello gestalten
4. Herbstausstellung mit Infokarten
5. Bastelanleitungen lesen und umsetzen (Kastanienmännchen, Blätterbilder, Leuchten)
6. Bildwörter zum „Herbst" (Nomen) gestalten
7. Herbstgedichte abschreiben und einzelne Nomen durch Bilder ersetzen (z. B. „Der Herbst auf der Leiter" von P. Hacks, (zu finden in vielen Lesebüchern)

**Sachunterricht**

1. Naturveränderungen im Herbst (Herbst sehen, riechen, schmekken, fühlen, hören)
2. Rund um den Wald im Herbst (u. a. Baumfrüchte)
3. Rund um die Erntezeit (besonders Kartoffeln, Trauben, Nüsse, Pilze, Kürbisse), Rezepte
4. Rund um das Herbstwetter (Windspielzeuge bauen, leuchtende Kleidung ...)
5. Rund um die Tiere im Herbst (Vogelzug, Höhlenbau, Vorräte-, sammlung ...)
6. Rund ums Brauchtum (Erntedank, St. Martin ...)

**Fremdsprachlicher Unterricht:**

1. Wetterwörter: „weather, autumn, rainy / windy / frosty / foggy / sunny day ..."
2. Sätze: „At this autumn day the weather is ..., the trees ..."

**Musik:**

1. „Hejo, spann' den Wagen an" - volkstümlich (z. B. in: Singt und spielt, Cornelsen, Berlin)
2. „Der Herbst, der Herbst" von H. R. Franzke (aus: Lieder heute, Klett, Stuttgart)
3. „Der Herbst zieht durch die Fluren" von J. Kniese / R. R. Klein (aus: Die Fidel, Fidula Verlag, Boppard)
4. „Der bunte Herbst" von R. R. Klein (aus: Die Fidel, Fidula Verlag, Boppard)
5. „Klanggeschichte zum Thema Herbst (-wetter) erfinden und mit Körperinstrumenten gestalten

# „Vitamine pur - Unsere Obstschale"

**Passend zu den Sach - Sprach - Projektthemen: Obst - Ernährung - Erntezeit - Herbst**

**Zeit:** 2 - 3 Unterrichtsstunden
**Material:** Deckfarben, Zeichenblock DIN A3, schwarzer Filzstift
(ideal: edding 400 oder Colli Marker 1 - 4 mm)
**Lernziele:**

1. Verschiedene Obstsorten durch Farbflächen und grafische Gestaltungsmittel differenziert und gegliedert darstellen
2. Obstteile in einem formatfüllenden Obstkorb anordnen
3. Farbgebung der Obststücke beachten und kontrastierende Farbflächen gegeneinander setzen
4. „Vorn und hinten" durch Überschneidung herausarbeiten
5. Figur und Grund durch die Auswahl einer kontrastierenden Hintergrundfarbe miteinander in Bezug setzen

**Einstieg:** Bei diesem Bildthema lassen sich die Kinder wunderbar in die Vorbereitung mit einbeziehen. Beauftragen Sie am Vortag die Schüler von zu Hause etwas Obst mitzubringen. Fragen Sie auch ruhig nach etwas unüblicheren Obstsorten. Viele Mütter sind beim täglichen Einkauf bereit, diese mitzubringen und der Klasse zur Verfügung zu stellen. Alternativ lassen sich zur Motivstudie auch farbige Reklamebeilagen mitbringen. Natürlich kann man auch einen nahe gelegenen Einzelhändler oder den Wochenmarkt besuchen. Aber der Aufwand ist nicht unbedingt nötig.
Hinsichtlich des Kunstunterrichtes beschreiben die Kinder Form, Farbe und Farbschattierungen der Fruchtstücke. Jedes Kind malt nun zur Vorbesprechung ein Obstteil und schneidet es aus. Mittels dieser Einzelstücke lässt sich nun ein gemeinsames Stillleben arrangieren. Dabei wird Folgendes besprochen:
- Vorne liegende Früchte sind ziemlich vollständig zu sehen. Sie werden als erstes gemalt.
- Im Hintergrund liegende Stücke werden teilweise verdeckt. Sie werden später gemalt. Überschneidungsstellen sieht man nicht und werden somit nicht gemalt.
- Obstsorten mit ähnlicher Farbe liegen nicht nebeneinander. Kontrastfarben dagegen erhöhen die gegenseitige Wirkung. Also liegen gelbe Bananen, neben blauen Pflaumen, neben orangen Apfelsinen, neben grünen Trauben, neben roten Äpfeln, ...
Stellen Sie sich das vor: Das alles verstehen schon die Kinder im ersten Schuljahr - wenn man mit ihnen zusammen diese Lege- und Anschauungsübung macht.

**Methodische Anleitungen / Bildaufbau:**
1. Die Kinder starten mit diesen Erkenntnissen gewappnet mit ihrem Bild. Die Obstschale wird angelegt und das Obst von vorne (unten) nach hinten (oben) gemalt. Leistungsstarke Maler, die noch einen Gestaltungstipp zusätzlich vertragen, können die plastische Wirkung der einzelnen Früchte dadurch erhöhen, dass sie stellenweise die „Nachbarfarbe" mit in die Farbfläche des Obststückes mischen. (In meinem ersten Schuljahr wollten es alle Kinder versuchen und haben sich auf diese Weise ein tolles Obst „zusammengemischt".)
2. Die Hintergrundfarbe entscheidet sich je nach Farbdominanz in der Obstschale. Auf dem Ittenschen Farbkreis wird die Kontrastfarbe gesucht und als kräftige, deckende Farbe auf das Papier aufgetragen. Trocknen lassen.
3. Wunder wirkt schließlich noch der schwarze Filzstift, der sogar aus jedem noch so „vermatschten" Bild ein Kunstwerk mit klaren Konturen schaffen kann. Sie werden staunen!
Obst und Schale werden mit sorgfältigen schwarzen Linien eingefasst. Einzelne Obststücke erhalten noch den letzten Pfiff: Die Orangen bekommen „Masern", die Banane einen schwarzen Stumpf, die Trauben kleine Glanzstreifen ... .
Tipp: Möchten Sie bei diesem Stillleben ganz sicher gehen, dass die Bilder gelingen, können Sie die Obststücke und die Schale auch einzeln malen und ausschneiden lassen. Der Hintergrund wird separat angelegt. Auf das trockene Blatt kleben die Kinder in Form einer Collage das Obst in die Obstschale. Dabei müssen sie aber beim Fixieren von hinten (oben) nach vorne (unten) vorgehen, damit die Überschneidungsoptik gewahrt bleibt. Effektvoll könnte dann noch etwas Obst vorne über die Schale hängen. Auch bei dieser Vorgehensweise empfehle ich zum Schluss die Bildelemente mit dem schwarzen Filzstift zu konturieren.

**Zusätzliche Aufgaben für schnell arbeitende Schüler:**
Schnelle Kinder könnten aus dem mitgebrachten Obst einen Obstsalat für alle anfertigen. (Lassen Sie sich eventuell von einer Mutter bei der Beaufsichtigung und beim Aufräumen helfen.)
Guten Appetit!

## Ideenkiste für den fächerübergreifenden Unterricht: „Rund ums Obst"

**Sprache:**
1. Vorgangsbeschreibung (Rezept) „Obstsalat" schreiben
2. Obsträtsel aufschreiben (Beschreibung)
3. Rezepte mit Obst erfinden, sammeln, aufschreiben, illustrieren und zu einem Büchlein zusammenstellen
4. Übungen zu Obst – Adjektiven (süß, sauer, fruchtig ...) anfertigen
5. „Auf dem Wochenmarkt" – Freies Schreiben
6. „Obst in unseren Gärten", Siebert – Lehrreiche Malbücher lesen schreiben malen
7. Quartettspiel gestalten
8. „Der Pflaumenkern" von L. N. Tolstoi lesen
9. „Herr von Ribbeck ...", Gedicht von Theodor Fontane

**Sachunterricht:**
1. Gemüse und Obst mitbringen (lassen) und ordnen
2. Obststücke mit allen Sinnen untersuchen
3. Kernobst - Steinobst - Beerenobst
4. Obstjahreskalender
5. Obstbäume und -sträucher
6. Der Obstbauer
7. Von der Blüte zur Frucht
8. Obstsalat, Marmelade, Obstspieße und was man sonst noch alles aus Obst zubereiten kann
9. Vitamine im Obst
10. Nützliche Insekten und Schädlinge im Obstgarten

Kostenloses und kostengünstiges Begleitmaterial für Lehrer und Schüler: „Exoten und Zitrusfrüchte" AID e. V., Konstantinerstr. 124, 53179

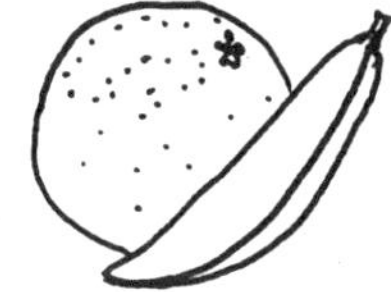

**Früchte aus unseren Ländern:**
**Zitronen Trauben Pflaumen Äpfel Melonen**

**Griechenland**
**Italien**
**Türkei**
**Spanien**
**Frankreich**
**Deutschland**

**Fremdsprachlicher Unterricht:**
1. Begriffe: fruits, apple, pear, cherry, grapefruit
2. Farben (zu den Früchten): „The colour of the apple ist green and red ..."
3. Lied: „Round and round the appletree ..." (aus: Peter Pim and Billy Ball, Cornelsen, Berlin)
4. „Dagrlardan ..." – volkstümlich aus der Türkei (aus: Quartett - Lieder heute, Klett, Stuttgart)

**Musik:**
1. „Spannenlanger Hansel" – Volkslied
2. „Obstsalat" von D. Jöcker (aus: Und weiter geht's im Sauseschritt, Menschenkinder Musikverlag, Münster)
3. „König Pampelmus" von H. Maschke (aus: Der musikalische Sprechzirkus, Auer, Donauwörth)
4. „Das Bananaphon" (Original: Rock my soul, Les Humphrey Singers) von V. Rosin (aus: Heut' ist Partytime, Moon Records, Düsseldorf)

# „Sternenflug“

**Passend zu den Sach - Sprach - Projektthemen: - Fliegen - Fluggeräte - Weltraum - Maschinen - Roboter**

**Zeit:** 3 - 4 Unterrichtsstunden
**Material:** Deckfarben, Zeichenblock DIN A3, Tonpapier, Deckweiß, Klebstoff, Schere, Zahnbürste oder Strohhalm, Schwamm
**Nach Wahl:** Glimmer
**Lernziele:**
1. Fläche durch Farbflecken gliedern (Hintergrund Weltall)
2. Differenzierung der Farbe Blau mittels der Farben Rot, Pink und Violett
3. Farbtonabstufungen der Farbe Gelb und Schattierung mittels der Farbe Rot (Planet)
4. Hell - Dunkel - Kontrast gezielt einsetzen
5. Spritzdruck für den „Sternenstaub“ anwenden
6. Bildzeichen „Rakete“ durch Farbflächen gestalten (Tonpapiercollage)
7. Figuren und Grund durch Farbkontraste aufeinander beziehen

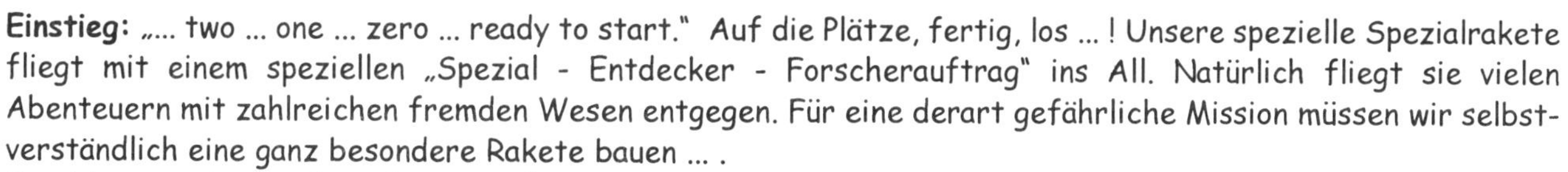
**Einstieg:** „... two ... one ... zero ... ready to start.“ Auf die Plätze, fertig, los ... ! Unsere spezielle Spezialrakete fliegt mit einem speziellen „Spezial - Entdecker - Forscherauftrag“ ins All. Natürlich fliegt sie vielen Abenteuern mit zahlreichen fremden Wesen entgegen. Für eine derart gefährliche Mission müssen wir selbstverständlich eine ganz besondere Rakete bauen ... .

Erzählen Sie den Kindern diesen Anfang eines spannenden Weltraum - Abenteuers. Sicher mögen die Kinder die Geschichte selbst weitererzählen (oder später schreiben). Ganz wirkungsvoll und fantasiebildend ist in diesem Zusammenhang das Schließen der Augen. Viel Fantasie benötigen die Kinder nämlich beim Erfinden und Ausgestalten der Rakete. Diese lässt viele Formen und Gestaltungsvarianten zu und lädt auch dazu ein. Das sollte man nutzen.

**Methodische Anleitungen / Bildaufbau:**

1. Die Schüler legen zuerst den Hintergrund an. Am günstigsten ist es, das Zeichenpapier mit einem Schwamm anzufeuchten und auf das feuchte Papier die Hintergrundfarben aufzutragen: Pink, Violett, Rot und Blau. Bei mehreren Farben beginnt man mit der hellsten und trägt diese fleckhaft auf. Sie vermischt sich dann mit den übrigen Farben auf dem Papier. Blau umfasst schließlich alle Farbflecken und bildet (mengenmäßig) die Hauptfarbe. Durch das Ineinanderfließen entstehen beim Farbauftrag die interessantesten Blautöne. Das Mischen vollzieht sich entsprechend auf dem Papier.

2. Der gelbe, leuchtende, noch zu erforschende, geheimnisvolle Planet wird auf einem weiteren Blatt gemalt. Ein großer Kreis wird dabei erst gelb ausgemalt. Die gelbe Farbe wird nun innen mit der Farbe Weiß „getrübt“/ aufgehellt und am äußeren Rand mit orangeroter Farbe schattiert.

Der trockene Planet wird ausgeschnitten und auf den Hintergrund geklebt. Mit einer alten Zahnbürste (oder einem Strohhalm) wird feiner „Sternenstaub“ aufgespritzt oder aufgetupft. Dieser besteht aus weißer Deckfarbe und kann mit etwas Glimmer effektvoll betont werden.

3. Nun sind Erfinder und Raketenmechaniker gefragt. Aus Tonpapier sollen die fantasievollsten und witzigsten Weltraumschiffe entstehen. Damit sich in meinen Klassen kein Kind zu schnell mit seinem Raumschiff zufrieden gibt, verlange ich zehn unterschiedliche Raketenelemente an jeder Collage. So sind alle Kinder „gezwungen“, sich über einen interessanten Raketenbauch hinaus viele Einzelteile auszudenken. In der Gemeinschaft der Klasse kommen in der Regel schnell viele Ideen zusammen und es entstehen viele kostbare Einzelstücke.

Der fertige „Planetenflitzer“ kann nun in sein Abenteuer starten und auf das Zeichenpapier geklebt werden.

**Zusätzliche Aufgaben für schnell arbeitende Schüler:**
Besonders reizvoll ist es immer für Kinder verschiedene Flugkörper zu bauen. An erster Stelle steht natürlich der Papierflieger. Gegenseitig zeigen sich die Kinder, welche verschiedenen Varianten es gibt und mit welchen Tricks die Flugtauglichkeit noch verbessert werden kann (z. B. wenn man die Flugzeugspitze mit einer Büroklammer „trimmt"). Die Papierflieger können tolle Namen erhalten und verziert werden.
Darüber hinaus können aber noch viele andere Flugobjekte aus einfachsten Mitteln gebaut werden: Kleine Hubschrauber, Fallschirme, Papierahornsamen, Segelgleiter oder aber auch kleine Drachen, Sandwurfbälle mit Kreppflatterband und Wurfscheiben aus Karton oder Bierdeckeln.

**Zusätzliche Lernziele:**
1. Unter funktionalen Gesichtspunkten einen Papierflieger falten und auf seine Eignung hin untersuchen
2. Aus alltäglichen Materialien Flugobjekte und Flugspielgeräte bauen und damit spielen

## Ideenkiste für den fächerübergreifenden Unterricht: „Rund ums Fliegen"

**Sprache:**
1. Wortfeld „fliegen" (flattern, gleiten, sausen ...)
2. Bücherausstellung rund ums Fliegen
3. Sinnerschließendes Lesen: Bastelanleitung (Flieger) lesen und umsetzen
4. „Der Schneider von Ulm" von B. Brecht – Gedicht
5. Eine Sage nacherzählen: „Ikarus – Traum vom Fliegen"

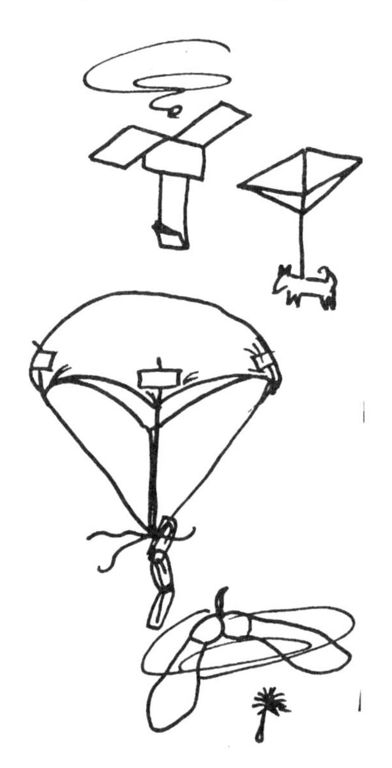

**Fremdsprachlicher Unterricht:**
Begriffe: pilot, cockpit, steward, tower, captain, ticket, ten, nine, ..., ready

**Sachunterricht:**
1. Verkehrsmittel auf Rädern, Schienen, zu Wasser und in der Luft
2. „Der Traum vom Fliegen" – Von den Anfängen bis zum Flug zu fremden Planeten
3. Fluggeräte bauen (aus Toilettenrollen, Papierflieger, Papierhubschrauber, Papiergleiter, Fallschirme aus Küchentüchern, Gleitschirm, Ahornsamen, Zweispitz ...)
4. Luftkraft – Experimente rund um die Luft (Sehr anschaulich: „Mein erstes Buch von der Luft" aus dem Tessloff Verlag)
5. Auftrieb und andere „Tricks" der Vögel

**Musik:**
1. „Flug zum Mond" – Ein Hörspiel auf dem Cassettenrekorder:
- Start des Raumschiffes
- Funkverkehr zwischen Erde und Raumschiff
- Mensch und Roboter auf dem Mond
- Rückflug zur Erde

(siehe: „Quartett 3/4", Klett, Stuttgart)
2. „Die Maus auf Weltraumreise" (aus: Neue Kinderlieder", Vlg. gruppenpäd. Literatur)
3. „Venus" von V. Rosin (aus: Heut' ist Partytime, Moon Records, Düsseldorf, Original: Venus, Shocking Blue)

# „Eberhard und seine Elefantenmatratze"

**Passend zu den Sach - Sprach - Projektthemen: Elefant - Zoo - Wohnen**

**Zeit:** 3 – 4 Unterrichtsstunden
**Material:** Deckfarben, schwarzer Tonkarton, weißes Kopierpapier, Bleistift (2B), altes Zeitungspapier, Gegenstände zum Durchreiben (z. B.: flache Siebe, Küchenreiben, Kämme, Untersetzer aus Korbgeflecht, Sandpapier verschiedener Körnung, geprägte Pappe, Geldstücke, etc.) Tipp: Liste der Frottagegegenstände am Vortag als Mitbringauftrag an die Kinder geben.
**Lernziele:**
1. Erkennen, dass man alltäglichen Dingen ästhetische Strukturen abgewinnen und für grafische Zwecke nutzen kann
2. Zufällig entstandene Strukturen beim Durchreiben der Oberfläche zunehmend gezielt einsetzen
3. Gegenstände hinsichtlich der Frottage-Eignung und -Nichteignung überprüfen
4. Differenzierungen der Farbe Grau
5. Fläche (Hausmauer) durch graufarbiges Reihenmuster gliedern und dabei Farbanordnungen beachten
6. Figur (Elefant) und Grund (Mauer) durch Farbangleichen aufeinander beziehen
7. Weitere Details durch Auswahl geeigneter Gestaltungstechniken darstellen und in den Form- und Farbzusammenhang des Gesamtbildes einbinden

**Einstieg:** Zu diesem Motiv wären zwei verschiedene Einführungen möglich. Zum einen bietet sich eine Bildbetrachtung des Kunstwerkes „Das Rhinozeros" von Albrecht Dürer an. Im Mittelpunkt des Unterrichtsgespräches stehen hier die verschiedenen linearen Muster, mit denen Dürer die Fläche des Tieres gliedert und strukturiert.
Ein anderer, fantasievoller Start der Kunststunde wäre ein „Elefantenmärchen" dieser Art:
Eberhard, der Elefant, döste faul in seinem Gehege im Zoo. Aus einem Augenwinkel beobachtete er ein Vogelpärchen, das schon seit Tagen fleißig ein Nest für seine Vogeljungen baute. „Die kleinen Piepmätzchen haben es gut", dachte Eberhard. „Sie bekommen von ihren Eltern ein kuscheliges Nest gebaut. Und was die Eltern dafür alles anschleppen. Die tollsten Dinge." Eberhard wurde ganz neidisch. „Mein Elefantenhaus ist gar nicht kuschelig. Eigentlich steht überhaupt nichts drin. So will ich nicht weiterwohnen. Ich baue mir ein Elefantennest. Besser noch: Ich mache mir eine Elefantenmatratze." Gesagt - getan. Durch das versteckte Loch im Zaun entschlüpfte Eberhard in der nächsten Nacht. Auf der anderen Seite des Zaunes war eine Müllkippe. Nie im Leben hätte er es sich träumen lassen, dass die Menschen so viele tolle Dinge wegwerfen. Rasch sammelte er einige Kostbarkeiten ein und brachte sie in sein Elefantenhaus. Schnell huschte er wieder zurück und lud sich erneut voll. So ging es die ganze Nacht. Alle Sachen schob er in seinem Haus zu einer dichten „Elefantennestmatratze" zusammen. Endlich war er zufrieden. Völlig erschöpft ließ er sich in sein neues Nest sinken und schlief fest ein. Am Morgen rief ihn seine Nachbarin Nina, die Nilpferddame: „Eberhard, aufstehen! Es gibt Frühstück!" Nur langsam trottete Eberhard aus seinem Haus. „Eberhard, endlich! Guten Morgen, du Langschläfer! Ach du meine Güte, wie siehst du denn aus !" „Wie sehe ich denn aus?", fragte Eberhard verwundert. Langsam schauten seine müden Augen an ihm herunter. Seine Haut hatte sich ja völlig verändert... . Eberhard fand sich total schick. Nicht nur eine Elefantennestmatratze hatte er nun. Nein, er hatte auch noch ein neues, völlig einzigartiges, besonderes, exklusives Elefantenkleid. ...

**Methodische Anleitungen / Bildaufbau:**
1. Sollten Ihre Schüler noch keine Erfahrungen mit der Durchreibetechnik haben, lassen Sie sie erst einmal erforschen, wie Eberhard auf unserem Bild zu seinem neuen Elefantenkleid kommen kann. Oft finden die Kinder Möglichkeiten und Materialien im Klassenraum, auf die man als Lehrer nicht kommt. Für den Elefanten benötigen die Kinder schließlich ein weißes Blatt. Entweder nutzen Sie die Kopiervorlage des Elefanten und geben den Kindern damit eine Elefantendarstellung an die Hand oder die Kinder zeichnen sich selbst einen Elefanten mit Bleistift auf das Blatt.
Dieser erhält nun mittels der Frottagetechnik sein besonderes Elefantenkleid. Das Durchreibematerial wird unter das Blatt gelegt und mit dem Bleistift durchgerubbelt. Das macht viel Spaß und ist sehr spannend. Was lässt sich gut durchreiben, was nicht? Was ist der „Renner" in der Klasse?
Der fertige Elefant wird ausgeschnitten und (später) in die Öffnung des Elefantenhauses geklebt. Mit dem Rüssel kann er je nach Wunsch noch einen Teil seines „Elefantennestes" tragen, z. B. um seiner Freundin Nina seine besten Schätze zu zeigen.
2. Auch das übrige Bild wird ganz in Grau gehalten und bildet so mit dem Motiv (Elefant) eine optische Einheit.
Für die Steine des Elefantenhauses wird Zeitungs-

papier eingefärbt. Dazu mischen die Kinder die gesamte Palette der Farbe Grau: Es werden vor allem die Farben Schwarz und Weiß gebraucht. Aber auch alle anderen Farben können (je nach Geschmack und Lehrervorgaben) mit eingebracht werden. So könnten z. B. auch die Farben Grau-Braun, -Blau, -Rot, -Orange, -Gelb, -Grün, -Violett etc. in das Gemäuer mit eingebunden werden.
Die trockene Zeitung wird in gleichmäßige Rechtecke gerissen oder geschnitten. Zuerst wird der Torbogen auf das schwarze Tonpapier gelegt. Stimmt seine Größe und die Form, kann er aufgeklebt werden. Nun wird das Elefantenhaus (Reihe für Reihe versetzt) verklinkert.
3. Zum Schluss dürfen noch einige „Nestgegenstände" von der „Müllkippe" aus dem Elefantenhaus purzeln. Kleine Rankblumen verzieren vielleicht das Elefantenhaus. Wer Lust hat, kann noch ein schönes Namensschild für Eberhards Haus malen und aufkleben. Einige Salatblätter vom Frühstück sind auch noch zu sehen ... .
Beim Ausgestalten fällt den Kindern in der Regel noch viel mehr ein, so dass die Bilder immer individueller und interessanter werden.

**Zusätzliche Aufgaben für schnell arbeitende Schüler:**
1. Auch hier könnte man das Thema noch einmal aufgreifen und mit Tonkarton basteln: Ein Klappelefant ist schnell gemacht und steht ganz von alleine. Das Elefantenhaus erfordert dreidimensionales Denken. Entweder entwerfen die Kinder ein eigenes Elefantenhaus oder sie wandeln eine größere Schachtel entsprechend um.
Natürlich können auch alle anderen Zootiere als Klapptiere gestaltet und als Gemeinschaftsarbeit um Eberhards Gehege aufgestellt werden. (Vorlage ggf. vergrößern!)
2. Sehr viel Spaß macht den Kindern in der Regel auch das Gestalten eines Frottage-Ungeheuers. Hier bietet sich als Grundlage wieder die Bildbetrachtung „Das Rhinozeros" von Albrecht Dürer an. Natürlich lässt sich auch dieses Untier prima in die Geschichte einbinden: Es könnte sich dabei um ein Traumtier handeln, das Eberhard, der nur noch von seiner „Müllkippe" träumt, im Schlaf erschreckt. Oder es ist das Nachbartier im Nebengehege: Rudolf, das Rhinozeros, das auf Eberhards Freundschaft mit Nina eifersüchtig ist und mit allen Tricks versucht, Ninas Interesse auf sich zu lenken ... .
3. Sehr reizvoll und eine hervorragende Schulung der Feinmotorik ist das Formen mit Knetgummi, Ton, Efaplast oder anderen plastischen Materialien. Eine Elefantenfigur ist nicht schwer und wird in der Regel von den Kindern ohne Hilfe gestaltet (siehe z. B. Abbildung S. 68).
Kollegen, die gute Nerven haben, können die Elefantenfigur auch „in groß" gestalten lassen. Entweder verwenden Sie dazu Pappmaché oder lassen verschiedene Schachteln und Papprollen zu einem „Gemeinschaftsgroßtier" montieren und in verschiedenen Grautönen bemalen.

**Zusätzliche Lernziele:**
1. Eine standfeste Elefanten- (oder Zoo-) figur basteln und ein Elefantenhaus aus Tonpapier bauen
2. Mittels des Durchreibeverfahrens (Frottage) ein Fantasietier gestalten
3. Elefantenfigur formen und typische Gestaltungsmerkmale entwickeln

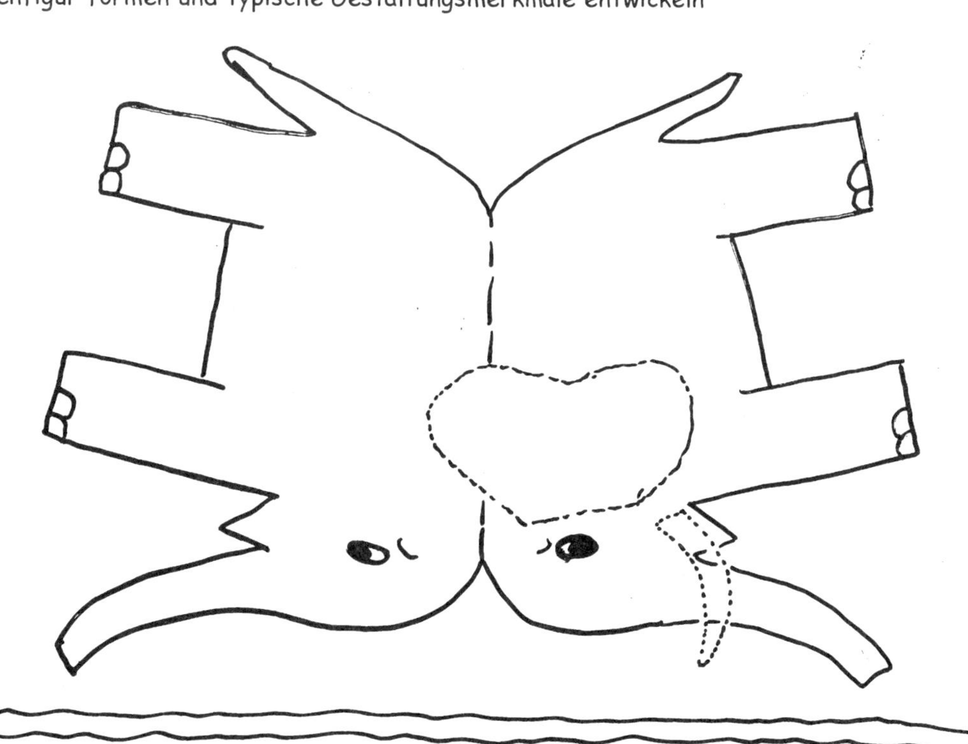

## Ideenkiste für den fächerübergreifenden Unterricht: „Rund um den Zoo"

**Sprache:**
1. Zoobesuch planen und vorbereiten (z. B. Rucksack-liste schreiben)
2. Quizrallye durch einen nahen Zoo durchführen
3. Zoobesuchplakat mit Bildern und Infotexten gestalten
4. Zootierbuch mit selbst geschriebenen Infotexten und Bildern gestalten
5. Tierrätsel ausdenken und aufschreiben
6. Übungen zu Tieradjektiven (z. B. im Zusammenhang mit den Tierrätseln)
7. Silbenspiele mit Tiernomen (z. B.: Löfant)
8. Wortfeld Tierbewegungen / Tiergeräusche (Verben)
9. Klassenlektüre „Pizza und Oskar" von A. Bröger, Arena Verlag, Würzburg

**Sachunterricht:**
1. Unser Zoo (Lage, Plan, Öffnungszeiten, Führungen, Kosten, ...)
2. Zootiere (Namen) sammeln und ordnen (z. B. nach Herkunftsländern, Lebensbereichen, Tiergruppen etc.)
3. Tiersteckbriefe / Beobachtungsprotokolle (Lebensraum? In welcher Landschaft lebt das Tier? Wie bewegt sich das Tier? Womit bewegt sich das Tier? Was frisst das Tier? Wie frisst das Tier? Natürliche Feinde? ...)
4. Tierkinder
5. Nahrungskette

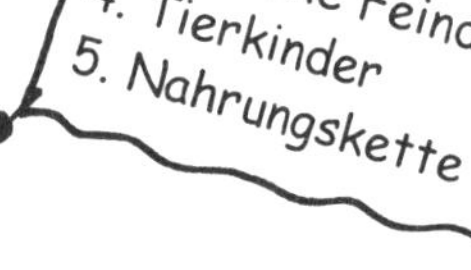

**Fremdsprachlicher Unterricht:**
1. Begriffe: Zootiere (z. B. : tiger, lion, bear, birds, crocodile, elephant, fish, frog, giraffe, horse, pony, zebra, ...)
2. Reim: „At the zoo" (s. unten)
3. Lied: „The animals went in two by two" (aus: Singlish 2, Klett, Stuttgart)

**At the Zoo**

I see, I see, I see
A big elephant at the zoo.
I find, I find, I find
A baby elephant, too.

I go, I go, I go
to the big kangaroo,
I hear, I hear, I hear
all the animals in this zoo.

(D. Krebs)

**Musik:**
1. „Tanz im Zoo" von R. Krenzer / L. Edelkötter (aus: Du, ich geh einfach auf dich zu, Impulse Musikverlag, Drensteinfurt)
2. „Tanzlied der Tiere" von D. Jöcker (aus: Und weiter geht´s im Sauseschritt, Menschenkinder Musikverlag, Münster)
3. „Der Gorilla mit der Sonnenbrille" von V. Rosin (aus: Typisch Volker Rosin, Moon Records, Düsseldorf)
4. „Das singende Känguruh" von V. Rosin (aus: Das singende Känguruh, Moon Records, Düsseldorf)
5. „Der Elefant im Bayernland" von V. Rosin (aus: Das singende Känguruh, Moon Records, Düsseldorf)
6. „Es war einmal ein Krokodil" von V. Rosin (aus: Das singende Känguruh, Moon Records, Düsseldorf)

S.M

# „Wintervorrat der Mäusefamilie Dreikäsehoch"

**Passend zu den Sach - Sprach - und Projektthemen: Herbst - Kartoffel - Tiere, Haustiere - Küche, Ernährung - Familie**

**Zeit:** 2 – 3 Unterrichtsstunden
**Material:** Kartoffeln, Deckfarbenkasten, Zeichenblock DIN A3, schwarzer Filzstift Messer, Zeitungspapier
**Nach Wahl:** Kleine Schwämme
**Lernziele:**
1. Einfaches Druckverfahren (Kartoffeldruck) kennen lernen und anwenden
2. Deckendes und transparentes Anrühren einer Farbe aus dem Deckfarbenkasten
3. Bildzeichen „Maus" durch Umrisslinien und Binnenzeichnung ausformen und differenzieren
4. Bildkompositionsprinzip Streuung - Ballung kennen lernen und anwenden

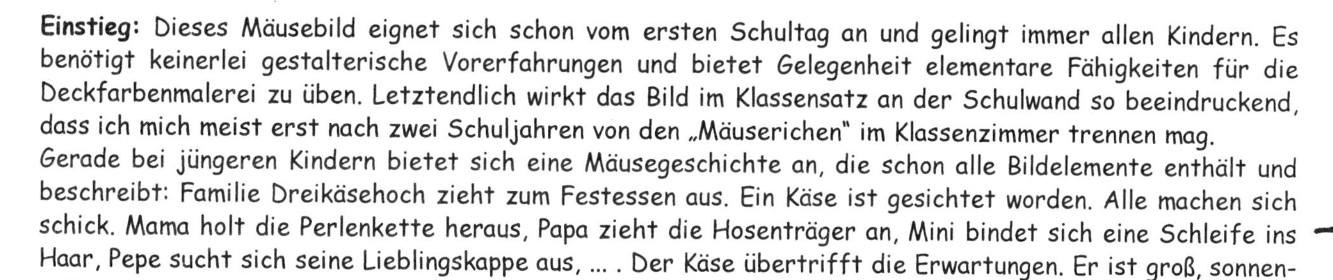

**Einstieg:** Dieses Mäusebild eignet sich schon vom ersten Schultag an und gelingt immer allen Kindern. Es benötigt keinerlei gestalterische Vorerfahrungen und bietet Gelegenheit elementare Fähigkeiten für die Deckfarbenmalerei zu üben. Letztendlich wirkt das Bild im Klassensatz an der Schulwand so beeindruckend, dass ich mich meist erst nach zwei Schuljahren von den „Mäuserichen" im Klassenzimmer trennen mag.
Gerade bei jüngeren Kindern bietet sich eine Mäusegeschichte an, die schon alle Bildelemente enthält und beschreibt: Familie Dreikäsehoch zieht zum Festessen aus. Ein Käse ist gesichtet worden. Alle machen sich schick. Mama holt die Perlenkette heraus, Papa zieht die Hosenträger an, Mini bindet sich eine Schleife ins Haar, Pepe sucht sich seine Lieblingskappe aus, ... . Der Käse übertrifft die Erwartungen. Er ist groß, sonnengelb und hat tolle Kriechlöcher rundherum ... .

**Methodische Anleitungen / Bildaufbau:**
1. Die Kinder legen zuerst den Hintergrund an. Das Blatt wird mit einem Pinsel oder Schwamm angefeuchtet. Nun rühren die Kinder ein wenig grüne Farbe an. Das heißt: Sie nehmen viel Wasser aber wenig Farbe auf ihren Pinsel. So entsteht eine zarte Hintergrundfarbe mit Aquarellcharakter.
Beim Auftragen der Farbe auf das Zeichenpapier lernen die Kinder, wie wichtig Strich- bzw. Pinselführung ist: Die Deckfarbe wird nicht im Zickzack - Strich aufgetragen, sondern mit gleichbleibender Pinselführung von links nach rechts und von rechts nach links. Lassen Sie die Kinder diese Erfahrung und Erkenntnis ruhig selbst gewinnen, indem Sie beide Varianten auf kleinen Experimentierblättern ausprobieren lassen und miteinander vergleichen. Sie werden selbst über den Unterschied staunen.
2. Auf das getrocknete Blatt wird ein prächtiger Käse gemalt. Den perfekten Umriss erhält man leicht, wenn man ein Rechteck mit vielen, kleinen „u"-s zeichnet. Am besten erst einmal mit klarem Wasser vorzeichnen. So kann man gefahrlos etwas ausprobieren. Die Kinder rühren mit einem Pinsel die gelbe Deckfarbe im Wasserfarbkasten so kräfig und deckend an, dass „Bläschen" entstehen und die Farbe cremig am Pinsel hängt.
3. Nun geht es den Kartoffeln an die Pelle. Sie werden aufgeschnitten. Die Schnittfläche tupft man am Besten etwas trocken. Mit einem Bleistift wird der Mäusekörper aufgemalt und mit dem Messer ausgeschnitten.
(Tipp: Möchten Sie die Kinder nicht mit einem Küchenmesser hantieren lassen und haben auch keine Helfermütter zur Verfügung, gehen Sie wie folgt vor: Bereiten Sie die Kartoffeln schon am Vortag mit den Kindern vor. Geben Sie sie in Folie verpackt mit nach Hause und lassen Sie sie dort von den Müttern ausschneiden. Der fertige Druckstock ist am nächsten Tag sehr gut verwendbar, wenn er die Nacht gut verpackt im Kühlschrank verbringt.)
Die kräftig deckend angerührte Druckfarbe aus dem Deckfarbenkasten wird auf den Stempel aufgetragen und auf das Papier gedrückt. Sollte der Abdruck an einigen Stellen zu dünn geraten sein, kann man diese mit dem Pinsel etwas ausbessern.
4. Wenn das Bild gut durchgetrocknet ist, kommt der schwarze Filzstift zum Einsatz. Alle Konturen werden nachgezogen. Die Mäuse und der Käse werden umrandet. Zudem erhalten die „Dreikäsehochs" noch eine Binnendifferenzierung. Sie bekommen Augen, Füße, Nasenspitzen, Schnurrbarthaare, kleine Kringelschwänzchen und nach Wahl kleine Verzierungen (Schleifen, Hüte, Brillen, Hosenträger, ...).
Das Käsefest kann beginnen!

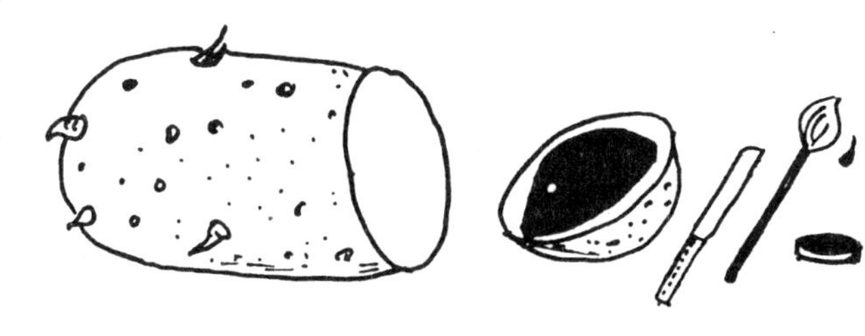

**Zusätzliche Aufgabe für schnell arbeitende Schüler:**
Dieses Mal dürfen die Kinder ein Mäusefensterbild für ihr Kinderzimmer selbst gestalten. Auch hier sollten Sie die Kinder einmal mit der Aufgabe „allein" lassen und keine Vorgaben oder festgelegten „Produktziele" angeben. Die Bildaufgabe ist von der Formfindung her so leicht, dass auch Erstklässler prima ohne Hilfe zurechtkommen: Eine Maus soll aus Papier geschnitten und mit einem weiteren Motiv in Zusammenhang gebracht werden. Das können die verschiedensten Dinge sein: ein Keks, eine Katze, ein Apfel, ein Stiefel, ein Baum, ... .

**Zusätzliche Lernziele:**
1. Bildzeichen für freigewählte Motive durch Umrisslinien finden und aus Pappe zuschneiden
2. Binnendifferenzierung der Motive in Form von Farbflächen aus Karton ausschneiden und aufkleben

**Ideenkiste für den fächerübergreifenden Unterricht: „Rund um die Milch (-produkte)"**

**Sprache:**
1. Milchrezepte sammeln, erfinden, aufschreiben
2. Bauernhofgeschichten lesen und schreiben
3. Vorgangsbeschreibung „Melken", „Milchverarbeitung", „Käseherstellung" etc.
4. „Eine Kuh macht Muh. Viele Kühe machen Mühe" – Weitere lustige Bauernhofverse erfinden und aufschreiben
5. Fachliteratur lesen und zusammentragen
6. Fachbegriffe im Lexikon nachschlagen

**Sachunterricht:**
1. Milch (-wirtschaft) gab's schon immer – Von der Kuh zum Frühstückstisch
2. Das steckt drin! – Nährwerte der Milch
3. Mal sauer, mal spritzig – Verschiedene Milchprodukte (Trinkmilch, Buttermilch, Kefir, Dickmilch, Joghurt, ...)
4. Von der Sahne zur Butter
5. Käse (Herstellung, verschiedene Käsesorten, Löcher im Käse)

**Kostenloses bzw. kostengünstiges Begleitmaterial für Lehrer und Schüler:**
„Spielen und Lernen: Wandfries MILCH", Landesvereinigung der Milchwirtschaft NRW e. V., Postfach 5040, Düsseldorf
„Fitness und Lebensfreude mit Milch, Butter, Käse", Centrale Marketing Gesellschaft der dt. Agrarwirtschaft mbH, Bonn

**Musik:**
1. „Hörst du die Kuh? Muh!" von V. Rosin (aus: Heut' ist Partytime, Moon Records, Düsseldorf)
2. „Auf uns'rer Wiese geht 'ne Kuh" von R. Krenzer / L. Edelkötter (aus: Ich gebe dir die Hände, Impulse-Verlag, Drensteinfurt)

**Fremdsprachlicher Unterricht**
1. Begriffe: a glass of milk, butter, cheese, cheeseburger, ice-cream, milky-way ...
2. Lied: „Old McDonald had a farm ..."
3. Sprechspiel: „What does a cow say? Caw! – Caw! What does a cat say? Miaow! – Miaow! ..."
4. Lied (türk.) „Ekmek buldum" (Ich hab' Brot und keinen Käse, ...)
(aus: Singt und spielt, Cornelsen, Berlin)